JN115412

「脱力」が「力強さ」を生む！

スポーツパフォーマンスを
最大限にアップさせる
身体の使い方

田中直史

医学博士
整形外科専門医

現代書林

はじめに

　スポーツにおいては、種目に限らず「力強さ」が求められます。野球であれば、剛速球を投げ、できるだけ遠くへ鋭いボールをかっ飛ばし、格闘技であれば、大きく強い相手であっても倒す必要があります。老若男女・種目・レベルを問わず、誰もがパフォーマンス向上を目指し、日々汗を流して努力を積み重ねているものと見受けられます。

　しかし、たとえクラブやバット、そしてラケットを力強くしっかり振り回せるだけの十分な体力・筋力があっても思うような結果を出せないことが多いのも現実です。またお気に入りのプロ・上級者の動きや形を真似てはみても、自身の動画を確認すれば、無駄に力んだ、似ても似つかぬものとなり、肩を落とした経験をお持ちの方もたくさんおられると思います。私も皆さんと同様、これまで繰り返し挫折し続けた一人であることは言うまでもありません。

　一般に、どんなスポーツでも、上級者であるほどに、「力み」とはほぼ無縁で、かつ「力強さ」をも合わせ持つ傾向にあります。最大の力強いパフォーマンスを発揮するため、できるだけ力を込めて使っているはずなのですが、上級者たちはいったい身体のどこをどのように「脱力」し、そしてどの部位にどのようなタイミングで力を込めてプレーしているのでしょうか。

　すでに「脱力」なる環境が好ましいと言われて相当久しいの

ですが、スポーツ現場では無駄に「力む」ことへのマイナス面だけが指摘されている程度ではありませんか？　それ以上の具体的な指針は示されてはこなかったとみてよいでしょう。

　普通に考えて、「脱力」と「力強さ」とは全く逆の概念です。いったい上級者たちはこの両者をどのように組み合わせて活用し両立させているのでしょう？　そこにはより正しい、あるいは好ましいであろう身体の理想的な使い方があるはずなのですが、なぜ「脱力」が「力強さ」に通じるのか？　これまで明確な答えが指し示されてきてはいません。スポーツに関心を持ち、向上心のある方なら、この疑問に興味を持たないはずはありません。

　今から約30年前、私は幼い子供たちに共通する肩甲骨の大きな動きに大いに魅了されてしまい、「肩甲骨および周辺筋」の持てる本来の機能の大きさに瞠目していました。しかし当時整形外科の領域では、腕の土台である肩甲骨は、外傷や障害があっても多くは外科的治療の対象とはならないこともあって、さほど重要視されてはいない状況でした。

　その後の数年間、私はスポーツ動作における肩甲骨の重要性を独自に追究することとなり、整形外科関連の学会などで報告してきました（巻末参考文献参照）。その概要ですが、ヒトの腕というものは、若年者ほど腕の土台である肩甲骨の可動域が大きく、そして幅広く厚みのある大きな肩甲骨周辺筋を使って肩甲骨ごと腕が大きく力強く動かされていること[1]、さらに腕には

使うべき順番があり、プロ・上級レベルの投球動作や和太鼓を弾みよく叩くような、あたかも腕をしならせるような使い方を行うためには、まず土台の肩甲骨から先に始動させ、次第に手先へと順に使うべきであること[2]を報告してきました。

　最近になってようやく「マエケン体操」に代表されるように、「肩甲骨」の重要性が評価されてきたことは、皆さんもご存じの通りでしょう。私はその後も「脱力」に着目し、なぜ「脱力」なる環境が「力強さ」に通じているのか？　この不可思議で神秘的（?）な謎に対し、私はいわゆる指の「でこピン」なる現象をヒントに、筋組織の持つ機能・性状から、スポーツ動作を分析・検討し、身体のつくりに基づいた謎解きに努めてきました。

　そしてようやく「脱力」と「力強さ」の両者の奥深い関係について、「脱力」が「力強さ」を生み、スポーツパフォーマンスを高めてくれる理由について、サイエンスの立場から全く新しいメカニズムを見出しました。そして「遠心力」といった物理面やさらにメンタル面との関わりについても説明可能なレベルまで整理ができましたので、今回、謎解きを求めて止まない方々を対象に紹介させていただくことになりました。

　本書はいわゆる見た目の動きや動かし方に基づいたハウツウもののレッスン書ではありません。球技だけではなく格闘技関係も含めたスポーツ動作全般にわたり、スイング動作が中心になってはしまいますが、高いパフォーマンスを持つ上級者に共

通する効率の高い身体の使い方と「脱力」との関係をメインテーマに、整形外科医の立場を駆使し、スポーツ現場で語られる多くの格言の中身についても、私なりに「身体のつくり」からの説明を加えてみました。その上で、身体に優しくかつ理にかなった「身体の使い方」なるものを徹底追究したものです。

　もちろんどんなスポーツでも上達に安直な方法はなく、鍛錬・修練といった積み重ね、そして地道な努力が必要であることは言うまでもありませんが、長年さまざまにスポーツに親しみ、そして悩み迷いながら試行錯誤されてこられた方々には、本書によって、身体のつくりに基づいた新たな目線でスポーツ動作を見つめ直していただき、さらにこれまで私がこだわってきた「肩甲骨」の持てる機能についても理解を深めていただけるものと確信しています。

　なお医学的・解剖学的用語に関しては、最低限の使用は止むを得ないことを御了承ください。ではまず、核心の部分から始めさせていただきましょう。

　2023年5月

　　　　　　　医学博士・整形外科専門医　田中直史

参考図書
　1）『天使の翼がゴルフを決める』（文芸社・2001年）
　2）『「天使の翼」が上手さ・強さの謎を解く！』（文芸社・2020年）

第**3**部

肩甲骨が、さらなる、「でこピン」パワーを生む!

第**4**部

格闘技やサッカーでの「でこピン」パワー

第**5**部

遠心力を味方に、そして身体に優しく!

筋力を最大に発揮させる方法とは？

一般に筋肉とは、意識して力を込めるほどにパワフルさが発揮できます。重量物を押したり引いたり、握力計測などにおいても、歯を食いしばるほどに強く力を込めることで、筋力は最大に発揮されます。一方、力強さが要求されるスポーツ現場では、逆に「脱力」することで、強く力を込めた場合以上にパフォーマンスが向上することもよく知られています。しかしその理由としては、これまで無駄に「力む」ことによるマイナス面が強調されてきた程度と見受けられます。

　普通に考えて「脱力」と「力強さ」は、ほぼ真逆といってもよい概念です。この相反する両者がどうして相乗の効果をもたらすのか？　誰もがこの謎ともいえる疑問の答えを知りたいはずです。この第1部では、身体を構成する筋に最大の力強さを発揮させる使い方を紹介し、「脱力」と「力強さ」の奥深い関係について、できるだけ単純明快に紹介させていただきましょう。

　もちろん、意識して力強く使うことで、最高のパフォーマンスを発揮されている方もおられるでしょう。しかし、本書ではあくまで「脱力」によって発揮できる筋力を高め、パフォーマンス向上に導くメカニズムを追究していく立場です。では始めましょう。

第 1 章

「でこピン」パワーの紹介

　歯を食いしばることなく、筋力を最大に発揮する方法ですが、実は特別難しい技術を要するものではありませんでした。幼い子供たちでも、非力な女性であっても、誰もが容易にごく自然にかつ無意識に実践しており、日常生活のさまざまな場面でも確認できるものだったのです。

　もちろん、各種スポーツでも、上手く使いこなすことで、スポーツパフォーマンスが高まり、上級者たちの表現する「軽く振ってもよく飛ぶ」、そして「ヘッドや球が自然によく走る」といった感覚に通じていたとみてよいでしょう。各種スポーツでの具体的な使い方については第2部でお話させていただくとして、この章では身の回りのわかりやすい事例から紹介しましょう。

1)「手指」の場合

　まずはもっとも身近な「手指」からみていきます。

　「手指」を普通に伸ばした状態から、できるだけ力強く指を握ってみましょう。ジャンケンのパーからできるだけ速く強くグーにする動きです。できるだけ速く・力強く握ろうとすることで、発揮される力強さをここではA1とします（P14／図1-1）。

　次に右の人差し指（示指）から薬指（環指）までの3本程度を指の付け根から左手を使ってゆっくりと十分に反らせてみま

図1-1 指を握る動作

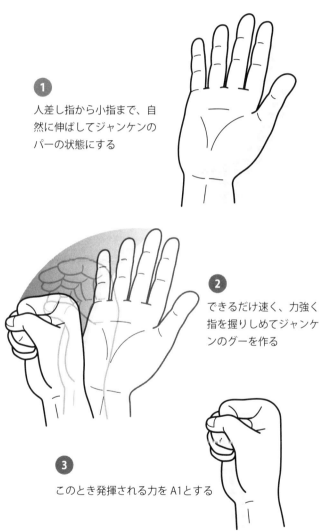

①
人差し指から小指まで、自然に伸ばしてジャンケンのパーの状態にする

②
できるだけ速く、力強く指を握りしめてジャンケンのグーを作る

③
このとき発揮される力を A1とする

図1-2 指を脱力し、十分に反らせてから握る動作

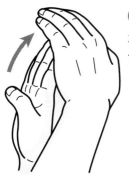

1
左手で、右手の人差し指から薬指までを、指の付け根からゆっくりと反らしていく

2
右手の指が十分に反りきったところで、パッと左手を離す

これと同時に右手の指を弾みよく勢いよく曲げてグーを作るようにする

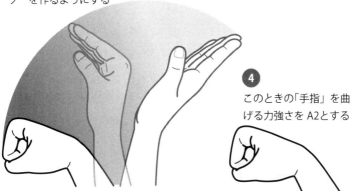

4
このときの「手指」を曲げる力強さを A2とする

しょう（P15／図1-2）。十分に反らした後に左手を離し、その直後に弾みよくタイミングを合わせて右手指を勢いよく戻すように曲げてみます。

このときの「手指」を曲げる力強さをA2としますと、この弾みよく勢いのある動きは、いわゆる「でこピン」と指を動かす方向は逆ではあっても、全く同じ使われ方とみてよいでしょう。タイミングよく戻すように動かすことで、A2は明らかに俊敏さも力強さも格段にA1よりも勝っていることが容易に実感・確認できるはずです。

一般に、力仕事では意識して力を込めます。しかしそういった意識を持たなくても、いわゆる「でこピン」のように、関係する関節・筋を十分にゆるめておき、使いたい筋や腱の長さをあらかじめ、より長くしっかり伸ばしておくことで、力を込めて使う場合よりも、より力強さを発揮できることになります。

ただし、こういった使い方には、いわゆる「でこピン」時の親指（母指）、そしてA2時の左手のようなあらかじめ筋を伸ばしてくれる別の何らかの協力が不可欠となります。

もちろん指の場合だけではなく、他の部位でも観察できます。このように筋・関節を「脱力」させ、目的の使いたい筋をさらにできるだけ伸ばしておいてから使うのですが、この力強さが効率よく最大に生じる使い方を、指の「でこピン」にならってここでは「でこピン」パワーと命名し、さらに話を進めていきましょう。

2)「リスト（手首・手関節）」の場合

　次はリストで確認しましょう。実はスイング動作時においては、手首、つまりリストにおける「でこピン」パワーを考慮することがもっとも重要なポイントであると私は考えています。

　その理由ですが、バットやクラブなど道具を振り回すスイング動作においては、力強い下半身や体幹に由来するパワーを道具に伝えて生かすことが必要となります。つまり、途中に介在するいずれの部位の役割も、それぞれが力強さを十分に発揮するだけではなく、最終的には道具に最大のパフォーマンスを行わせること、これがもっとも重要な課題となります。

　その中でも、特に道具にもっとも近い部位であるリストを上手く使いこなし、いかに下半身などの力強さを道具に最大限伝えることができるかどうか、私はこれがもっとも大切なポイントであり、まずはリストから着目すべきだったと私はみています。各種スポーツでのリストの具体的な使い方については、第2部以降で後述します。

　まずリストを反らし、手の甲側から手のひら（掌）側に意識してできるだけ力強く速く動かしてみましょう（P18／図1-3）。ここで使われている筋は「手根屈筋」という、リストを手の甲側から手のひら（掌）側に曲げる、つまり「掌屈」させる筋群です（P19／図1-4）（この筋は本書の最後まで何度も出てきますので、よ

図1-3 リストを甲側（背屈位）から手のひら側（掌屈位）へ動かす動作

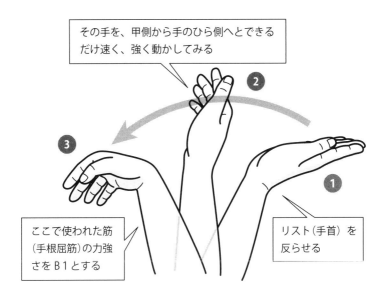

その手を、甲側から手のひら側へとできるだけ速く、強く動かしてみる

②

③

①

ここで使われた筋（手根屈筋）の力強さをB1とする

リスト（手首）を反らせる

く覚えておいてください）。この筋をできるだけ勢いよく意識して使った場合の力強さをここではB1とします。

　今度は手指の場合と同様に、左の手のひらなどを使って、右手指・リストを甲側にゆっくりと深く反らせて（背屈）させてみましょう（P20／図1-5）。

　このとき、戻そうとする強い意識を持たなくても、上手くタイミングを合わせることで、あたかもバネが戻る・跳ねるかのように、手のひら（掌）側にかなり勢いよく勝手に戻ってくれます。最初は上手くいかないかもしれませんが、繰り返しやってみてください。

図1-4 リストを動かす筋……手根屈筋と手根伸筋

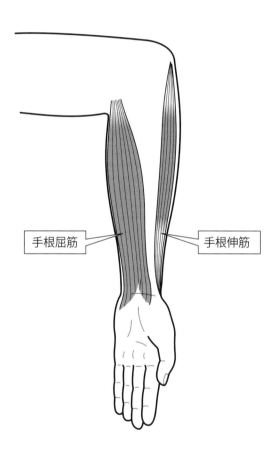

手根屈筋

手根伸筋

図1-5 いったんリストを十分に反らせてから動かす動作……「でこピン」
パワーが発揮される

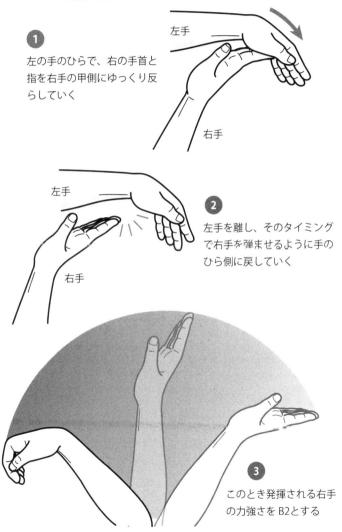

1
左の手のひらで、右の手首と
指を右手の甲側にゆっくり反
らしていく

左手

右手

2
左手を離し、そのタイミング
で右手を弾ませるように手の
ひら側に戻していく

左手

右手

3
このとき発揮される右手
の力強さを B2とする

こういった使い方は、いわゆる弾みよく「リストを効かす、返す」使い方と同じではありませんか？　このとき、発揮される力強さを B2 としますと、指の場合と全く同様に、俊敏さも力強さも B1 よりはるかに高まって発揮されていることが容易に実感できるでしょう。倍近いといってもよいほど速さと力強さが発揮できているのでは？　と私には感じてしまうほどです。

皆さんもしっかり確認してください。上手くタイミングを合わせて、リストでの「でこピン」パワーを体感してください。きっと B2 と B1 の違いに驚かされるはずです。実はこれがスポーツの現場で力強さを発揮するためのエッセンスだったのです。リストにおけるこの違いの存在を皆さんに知っていただくことで、私に課せられた仕事の大半は達成されたといっても過言ではありません。スポーツ動作時にヒトが最大活用すべき核心のメカニズムだと、私はみています。

さらにクラブやラケットなど道具を握っている場合も全く同様です。ただし、この場合は必要な条件が追加されます。実は指を握る筋はいずれも腕から起始しリストを越えて指まで走っています（P22／図1-6）ので、強く握りしめるほどに、途中にあるリストは固まってしまい、その動きが無用に制限されてしまうことになります

したがって道具を握る指は単に強く握りしめるのではなく、道具がゆるんでスッポ抜けず、かつリストを固めることなく、リストの動きを決して妨げない程度の強さにとどめておくこと

図1-6 指を握る筋は肘前腕からリストを越えて指先まで

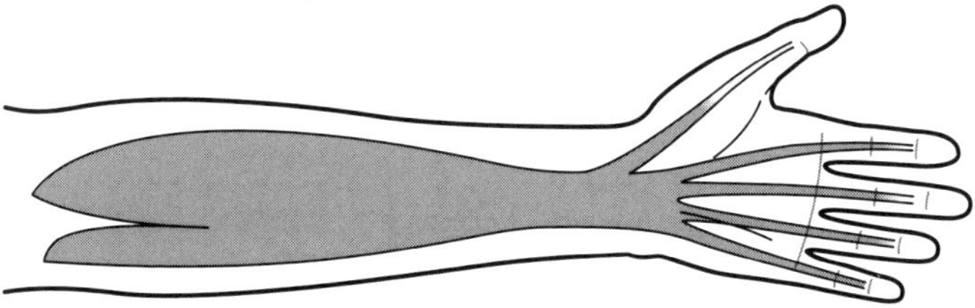

指の屈筋はリストをまたいでおり、強く握りしめるほどリストは固まり、その動きは制限されてしまうことになる

が必要な条件になります。こういった程度の強さで握っておくことで、握っていない場合と全く同様にインパクトでリストに「でこピン」パワーを発揮させることが可能になります。これが各種スポーツの現場でいわゆる「ゆるゆるグリップ」が勧められてきた理由だったとみてよいでしょう。

　つまり意識を込めて積極的にリストを動かして使うのではなく、指で握る力も含め「脱力」しておき、仕事をさせたい直前に、いったんリストを反らせ、「手根屈筋」をできるだけ十分に伸展させてから、リストを掌屈させていく場合のほうが、「でこピン」パワーとなってはるかに力強さが発揮されることになるのです。

　日常、手のひらで強く押そうとした場合も、皆さんはリストをより反った位置で使おうとするはずです（図1-7）。単にリス

図1-7 壁を押す動作。リストは次第に90度近くに反っていく

強く押そうと力を込めるほど、リストは90度近くに反っていく

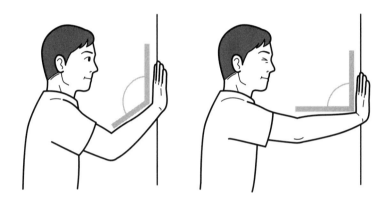

トを積極的に動かして使う（B1）よりも、反ったまま、あるいはより反ったほうが実はリストはより大きなパワーが反映されているということではありませんか？　この場合もリストに最大の「でこピン」パワー（B2）を発揮させていたのです。

　スナップを利かせて平手打ちを食らわせるような動きや布団叩き、またテニスのラケット面を目標方向に向けたまま振り回すような動きなどにおいても、同様です。リストを反った位置から積極的に戻して使うのではなく、リストを脱力させておき、肘から上の身体側をまず先行して動かし、リスト・ラケットを残して「置いてけぼり」状態として、リストをいったん反った状態に導いてから、ラケットを遅らせて使う、いわば「ため」をつくるような状況をつくってからスイングしていま

せんか？

　さらにテニスのフォアハンドでは、あらかじめ下半身・体幹の移動・回旋する動きを先行させ、見た目はリストを動かして使わず、反った状態のままであっても、掌屈させようとする強力な「でこピン」パワーを一定時間帯の間、「手根屈筋」が安定して力強く発揮し続けることが可能となってくれます。

　テニスに限らず、どんなスポーツでも、「リストワークが上手い・強い」と評価される上級者たちほど、自覚がなくともこういった上手い使い方を引き出す術を身につけて、十分に活用しながらプレーしているということになります。テニスについては第2部で詳しくお話しします。

　また野球のバッティングやゴルフスイングなど両手を使う場合には右リストだけではなく、左リストでは「手根伸筋」（「手根屈筋」とは逆の手のひら側から甲側へ働く作用の筋（P19／図1-4）も協力して同時に働くことになります。

　こういった力強さが発揮できる「でこピン」パワーを、もう少し身体の他の部位でも確認していきましょう。

▌ 3)「肘」の場合

　今度は肘の屈伸運動で確認していきましょう。普通に右肘を曲げた状態から、さっと素早く、力強く伸ばしてみましょう。

このときの肘を伸ばす際の力強さを C1 とします。使われる筋は上腕三頭筋という、肘を伸ばす筋です（P26／図1‑8）。

　次は、右肘をほぼ直角に曲げた状態から、右手首小指側の少し肘側を左手で軽く上手前に引くことで肘の曲がり角度を増やしておき、その左手に逆らって右肘を伸ばそうとしてみましょう（P27／図1‑9）。そして「つっかい棒」を外すかのようなタイミングで左手を取り払って、右肘を弾みよく伸ばしてみましょう。

　このときの力強さを C2 とすると、C2 は C1 よりも動きも明らかにより俊敏で力強さも発揮されていることがわかるでしょう。

　これも指やリストの場合と全く同様で、「でこピン」パワーを発揮させていることは言うまでもありません。

図1-8 上腕三頭筋を使って肘を伸ばす

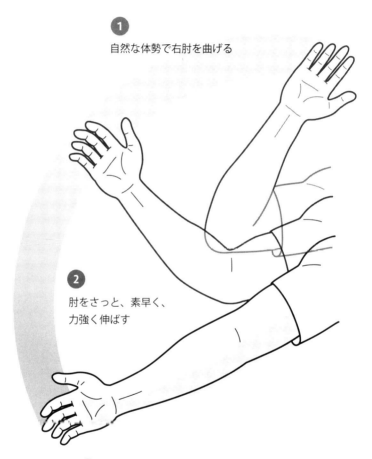

1
自然な体勢で右肘を曲げる

2
肘をさっと、素早く、
力強く伸ばす

3 このときの肘を伸ばしていく力強さを C1とする

図1-9　いったん肘の曲がりを深めてから、伸ばす
　　　……「でこピン」パワーが発揮される

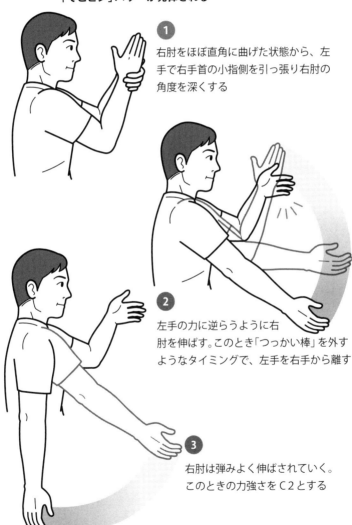

1
右肘をほぼ直角に曲げた状態から、左手で右手首の小指側を引っ張り右肘の角度を深くする

2
左手の力に逆らうように右肘を伸ばす。このとき「つっかい棒」を外すようなタイミングで、左手を右手から離す

3
右肘は弾みよく伸ばされていく。このときの力強さをC2とする

図1-10 お坊さん（C1）と和太鼓を叩く人（C2）

C1   C2

　C1は、あたかもお坊さんが木魚を叩くような、乱れず一定のリズムで穏やかに繰り返し行うような使い方であり、対してC2では、たとえば日常生活動作で弾みよく釘を打つ、和太鼓を力強く叩くといった動作時が当てはまります（図1-10）。

4)「肩」の場合

　右肩のやや前外側の位置で右肘をほぼ90度曲げ、脇を締めつつ、左手を使って右肘付近を外側に脇を広げるように押してみます。両者の力が拮抗した状況から、「つっかい棒」を外す

ようなタイミングで左手を外すと、右腕の力が自然に勢いを増して、外側から内側へ、右肩の前を右から左へ速やかに通過するような動きをとるでしょう（P30／図1‐11）。

　次は、左肩のやや前内側の位置で左肘をほぼ90度に曲げ、左の肩甲骨ごと左腕を胸の前内側へ寄せてみます。左肘の外側に下から右手を置き、右手で左腕を肩甲骨ごと右側へ寄せ、左の背中が張った状態で、左腕を外側へ広げようとして、右手の「つっかい棒」を外してみます（P31／図1‐12）。

　これは左手でテニスのバックハンドを行うような動作になりませんか。この場合も右手の補助次第で、強く使おうとする意識がなくとも、左腕の動きに俊敏さや力強さの変化を強く感じ取れるはずです。
　両手で行うスイング動作では、リストだけではなく、上級者ほどこういった左右両側の肩・腕の動きを上手く組み合わせて、理想的な「でこピン」パワーを自然に引き出して活用していることになります。

図1-11　右腕を左手で止め、その後左手を外し右腕を内側へ

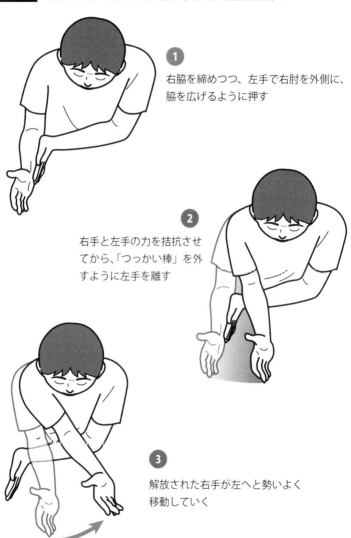

❶

右脇を締めつつ、左手で右肘を外側に、
脇を広げるように押す

❷

右手と左手の力を拮抗させ
てから、「つっかい棒」を外
すように左手を離す

❸

解放された右手が左へと勢いよく
移動していく

図1-12 左腕を右手で止めておき、右手を外し、左腕を外側へ

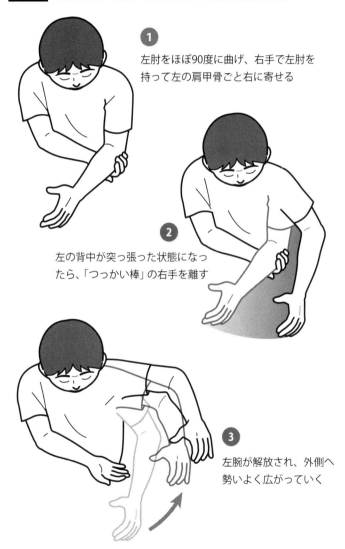

1 左肘をほぼ90度に曲げ、右手で左肘を持って左の肩甲骨ごと右に寄せる

2 左の背中が突っ張った状態になったら、「つっかい棒」の右手を離す

3 左腕が解放され、外側へ勢いよく広がっていく

5)「下半身・脚」の場合

　ジャンプ時は、深く屈んで、太ももの前部にある大腿四頭筋が十分に引き伸ばされ、その後に、この大腿四頭筋を収縮させて、膝を伸ばしつつジャンプしています（図1‐13）。また、ランニングジャンプなら、さらにより深く屈む勢いをタイミングよく利用することで、「でこピン」と同じメカニズムを利用でき、バレーボールのスパイク時のように強力なジャンプ力が発揮されることになります。もちろん、大腿四頭筋だけではなく、ふくらはぎの筋（下腿三頭筋）も全く同様に「でこピン」パワーがしっかり使われています。

　いかがでしたか？　ここまで紹介してきたように、指・リスト・肘・肩、そして脚と、ヒトの身体においては、どの部位においても、日常生活における動作の中で、筋の持つ機能を最大に生かす使い方である「でこピン」パワーを誰もが無意識に当たり前のようにしっかりと働かせており、効率よく使っていたことがわかります。

　筋とは単純に長さを縮めて使うよりも、さらに力強さが発揮できる有効な使い方があったのです。上級者たちのスポーツパフォーマンスが高い理由も、筋が本来持っている力強さに加え、「でこピン」パワーを手先から身体全体に効率よく活用しており、だからこそ、軽く振ったつもりでもよく飛んでくれるというわけです。

図1-13 ジャンプの動作……「でこピン」パワーが発揮されている

ジャンプする寸前には、膝が深く曲げられ
大腿四頭筋が引き伸ばされ、その後弾みよ
くジャンプしていく

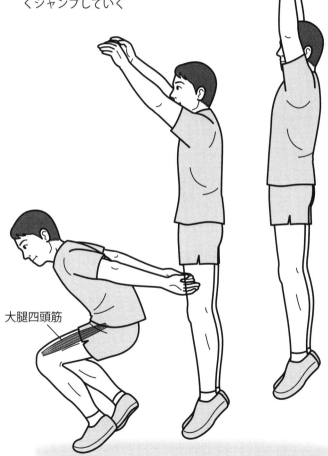

大腿四頭筋

次の章では、この「でこピン」パワーが発生するメカニズムについて、筋の構造・機能といった点から紹介しましょう。一般の方々にとっては、慣れない少し難しい内容でしょうが、医療・体育関係者にとっては、今回紹介する程度の筋の機能や性状については、生理学の教科書の最初に出てくる程度の極めて基礎的な事項だと思います。

　日常の生活でも誰もが無意識に使いこなしている程度のものなのですが、スポーツ現場では「でこピン」パワーなる使い方には、なぜかほとんど着目されてこなかったと見受けられます。ここでは生理学に無縁だった、皆さん方にも理解していただけるよう、私なりに必要最低限に絞って紹介していきましょう。

第 2 章

「でこピン」パワーの正体

　では、いったいどんなメカニズムによって、「でこピン」パワーなる力強い使い方が可能となるのでしょうか？

　まずは筋の構造・性状を知っていただく必要があります。少し小難しいお勉強になりますが、ここでは皆さん方にできるだけ理解してもらえるように、噛み砕いて説明していきます。われわれヒトの筋には実はこんな機能や性状が備わっていたのか

と、理解してもらえるように、それぞれの項目ごとにまとめも
用意しました。

1) 筋の「長さ」と「筋力」の関係

　小さな筋繊維の集合体が筋であり、微小な筋繊維の中に2つ
のタンパク質がそれぞれ索状物を構成しています（P36／図1-
14）。この2つのタンパク質がお互いに重なり合って反応するこ
とによって、筋繊維が収縮して筋力が発揮されていくことにな
ります。この2つのタンパク質の重なり具合の分だけ力強さが
発揮されているのです。

■ 筋の長さが変わらない場合

　ここで筋を取り出し、その長さの違いによって発揮すること
が可能な筋出力（これを、「等尺性収縮」と呼びます）を計測してみま
す（P37／図1-15）。2つのタンパク質が構成する索状物の重なり
具合により、つまり筋の長さによって発揮される筋出力は異な
ります。この場合、重なり合う部分が大きいと強い力が発揮さ
れ、少ないと非力な結果となります。

　筋出力が最大となる長さを「L1」としましょう。この「L1」
は日常、意識して筋力を最大に発揮できる長さです。第1章の
A1(指) およびB1(手首・手関節) といった強さも、この長さ「L1」
で出力させたものとみなしてよいでしょう。教科書的には筋の
長さが20％短くなると、発揮できる筋力は半減するとされて
います。

図1-14　筋の構造

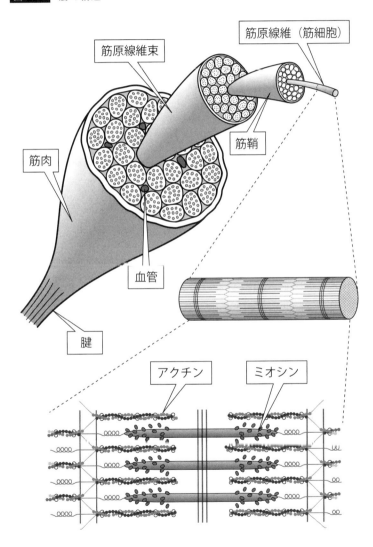

筋原線維束

筋原線維（筋細胞）

筋肉

筋鞘

血管

腱

アクチン

ミオシン

図1-15　筋の長さと筋力……等尺性収縮

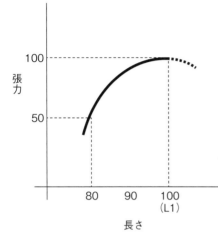

筋の長さによって、それぞれの長さで発揮できる筋力は異なる。筋が長く伸ばされる（L1）ほど力強く、短い場合ほど発揮できる筋力は低下する。力強さを発揮するには筋の長さをできるだけ長くして使うべき

　したがって、通常はできるだけ長くして使うことで力強さが発揮できることになります。

ⅱ　筋の長さが短くなっていく場合

　筋は収縮させると短くなりますが、図1-16（P38）に示すように、短縮しながら収縮させた場合に発揮できる筋力は、実は先の等尺性収縮時よりも低下してしまいます。この短縮しながら働かせる使い方を「求心性収縮」と呼びます。

　したがってこの「求心性収縮」では、大きな筋出力が期待できません。いくら本人が意識して頑張ってみても、理論上は本人の意識に反して、思うような力強さが発揮できることはありません。力強さを求める場合には意外にも好ましくない使い方だったのです。

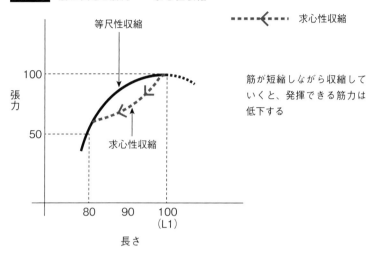

図1-16 筋の長さと筋力……求心性収縮

等尺性収縮

------◁------ 求心性収縮

張力

100

50

求心性収縮

筋が短縮しながら収縮していくと、発揮できる筋力は低下する

80　90　100
（L1）

長さ

　したがって、力強さを求めるスポーツ現場では、筋は縮んで短くなった状態ではなく、できるだけ筋を長くしたまま（静止長）の縮んでいない状態、つまりリストでは返さずに反ったままで使うほうが好ましいということになります。

　他には重たいものを押すような場合では、対象が重たいものであるほど、肘を深く曲げて上腕三頭筋（肘の筋を伸ばす作用があり、腕の後ろ側にある）、ついで手根屈筋を長くし、つまり「L1」状態として使うことになります（図1-17）。

　こういった使い方が、上腕二頭筋の持つ力強さをできるだけ高めることになります。誰しも日頃から、肘に限らず、そうやって各部を使っているはずで、筋はできるだけ長く伸ばしたままのほうがより力強く使えるのです。ここまではさほど難しい理屈ではないでしょう。

38

図1-17 筋は長く伸ばしてから使うべき

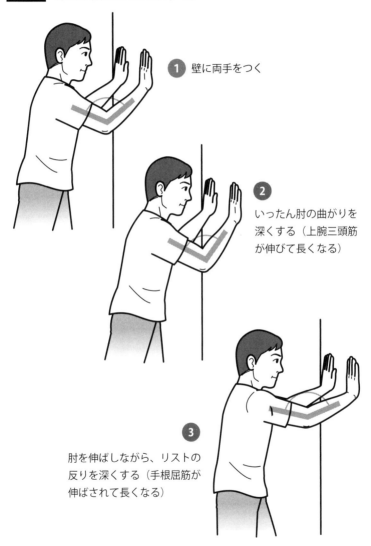

① 壁に両手をつく

②
いったん肘の曲がりを
深くする（上腕三頭筋
が伸びて長くなる）

③
肘を伸ばしながら、リストの
反りを深くする（手根屈筋が
伸ばされて長くなる）

ⅲ 筋の長さが長くなっていく場合

　次は、先の「求心性収縮」とは逆、つまり伸ばされながら働く場合です。「伸張性収縮（遠心性収縮）」と呼びますが、この両者では発揮できる筋力に大きな差があります。実は筋は伸ばされながら筋力を働かせる「伸張性収縮」のほうが、単純に長さを縮めて使うよりもはるかに強い力が発揮できるのです（図1-18）。

　たとえば、坂道を下降する際、片方の脚を前に出していくと、後ろに残った反対側の膝は深く曲がっていき、大腿の前にある大腿四頭筋は引き伸ばされていきます（図1-19）。このとき、膝が曲がり大腿四頭筋は伸ばされながらも、膝が崩れて転

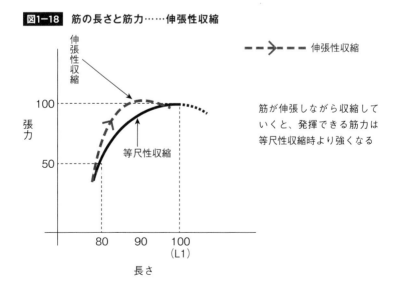

図1-18 筋の長さと筋力……伸張性収縮

筋が伸張しながら収縮していくと、発揮できる筋力は等尺性収縮時より強くなる

図1-19 坂道を下る際の筋の働き

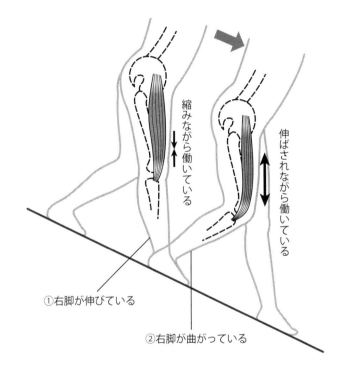

縮みながら働いている

伸ばされながら働いている

①右脚が伸びている

②右脚が曲がっている

倒せぬよう、しっかり力強く働いて支えてくれていたのです。
単純に縮みながら働くよりも、ずっと力強さが発揮でき、日常
のさまざまな場面で活用されています。

> **要点**

- 筋はできるだけ伸ばされた状態（静止長「L1」）で使うべきであり、
  短くなればなるほど発揮できる筋力は低下する。

■ 筋は縮みながらではなく、伸ばされながら使うほうがはるかに強い力が発揮できる。

---

2)「でこピン」パワーのメカニズムとは？

　ここまで紹介してきたように、筋に力強さを発揮させるには、図1-15（P37）で示すように、①筋をできるだけ長くして使え、というものです。通常は縮んでいない「L1」の長さで最大の力が発揮できます。そして単純に筋を縮めて使うのではなく、図1-18（P40）で示すように、②筋は長さが伸びていく状況のほうがさらに力強さを発揮できます。

　さて、ここからが本題となります。
　実際には「L1」状態時の筋力よりももっと容易に力強さを増して発揮してくれる使い方があります。そのもっともわかりやすい例が、第1章で紹介してきた「でこピン」パワーであるということはもう皆さん理解していただけているでしょう。筋に力強く仕事をさせるにはその直前に、何らかの方法で本来の「L1」状態の長さよりも、さらにもっと伸ばしておいてから使え、ということになります。

　何らかの方法とは、たとえば指の「でこピン」なら働かせたい指を脱力しておき（P15／図1-2）、親指などの他の指によってできるだけ最初からしっかりと十分に筋の長さを伸ばしておく

ことです。すでにリスト（P20／図1-5）でも肘（P27／図1-9）でも肩（P30、P31／図1-11、12）でも下半身（P33／図1-13）でも同様に紹介してきました。

　より伸ばされたときの筋の長さを「L2」状態とすると、その直後に弾みよくその筋を働かせることで、「L1」時よりも、かなりのパワーアップが期待できるということです。この「L1」「L2」は本書でこの後も何度も繰り返し出てくるので、しっかり覚えておいていただきましょう。

　もう少し詳しく紹介していきましょう。先ほどから図1-15（P37）で記したように、筋本来の2つのタンパク質由来の出力の力強さは「L1」で最大となっています。ただ、さらに長くなってしまうと、筋本来のタンパク質由来の出力は低下してしまいます。図1-15（P37）で右側の下り坂の点線となっているところです。つまり筋繊維自体の筋力は「L1」より長さを伸ばせば伸ばすほど、タンパク質由来の筋力自体は低下していくことになります。ここまでは了解していただけるでしょうか。

　しかし、「L1」より長く引き伸ばされた場合、筋本来の2つのタンパク質由来の筋力とは全く別の異なるメカニズムが働くことになります。この新たに加わる現象が「でこピン」パワーであり、スポーツ動作では極めて重要となります。たとえるならゴムのようなものです。ゴムは引き伸ばされた状態から、縮もうとしますが、筋繊維も全く同様で引っ張られれば、引っ張られるほど、自然に戻ろうとする力がより強く働くのです。

　この強く縮もうとする筋の働き方を「受動性伸張による張

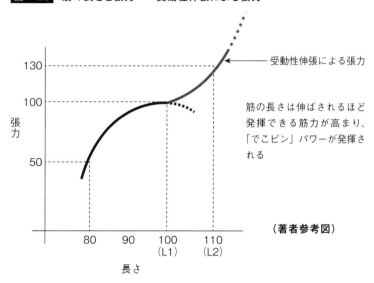

図1-20 筋の長さと張力……受動性伸張による張力

張力

130

100

50

← 受動性伸張による張力

筋の長さは伸ばされるほど発揮できる筋力が高まり、「でこピン」パワーが発揮される

（著者参考図）

80　90　100　110
　　　　（L1）（L2）

長さ

力」と呼びます。図1-20に示しましょう。図では右上の上り坂の部分です。つまり筋をゆるめておき、「L1」よりも、もっと長い「L2」状態とさせることで、ゴムと同様に元に戻ろうとする強い「受動性伸張による張力」が自然に働き、本来の筋出力よりも増幅した力強さを発揮できることになります。

　つまり第1章で紹介してきた「でこピン」パワーはどれも、この「受動性伸張による張力」を強く働かせた結果というわけです。この場合、筋がもともとの「L1」の収縮力とは別に、引き伸ばされたゴムが元に戻るように、さらなる「張力」が合わさることで、「L2」状態での筋出力は、「L1」時よりももっと大きなものとなって発揮されていくことになるのです。

その大きさですが、生理学の教科書によれば、伸ばされながら使う場合は「L1」より10％程度までの伸張で縮もうとする力が急速に拡大し、その後の伸張次第で最大30％程度の増大が期待できるとされています。具体的な数字はともかく、「L1」より引き伸ばされて長くなるにしたがい、筋はこの「受動性伸張による張力」が強く働き、発揮できる筋出力は「L1」時よりも、ずっと高くなってくれるのです。

　働かせたい筋に関係する関節に柔軟性があるほど、関わる筋の伸張がより可能となります。つまり、単純に「柔軟性」を高めるだけでも、その人なりに相当なパワーアップが、しかも安全に期待できることになります。したがって同じ体格・体力・筋力であっても、より柔軟性の高い若者ほど力強さを発揮しやすいともいえるでしょう。

（ここで一言、私の個人的見解ですが、今の時代、コロナ以前から学校教育、そしてクラブ活動の現場ではお互いが背中を押したり、背中に乗せたりといった柔軟体操自体が全くなおざりにされている傾向にあります。学校教育関係者の方々には是非とも再考していただきたいというのが、私の日頃の立場です。もともと、平成以降の子供たちではイスに座ってばかりで和式生活をさせていないことも多く、体幹・下半身の固さはわれわれ昭和時代の子供たちとはくらべものにはなりません。それほど、子供たちの体幹や下半身の柔軟性は大きく低下しています）

要点

■ 筋本来の長さ（「L1」）よりも、さらに長く伸ばした場合（「L2」状態）のほうが「受動性伸張による張力」によって、はるかに強

い筋力が発揮できる（「でこピン」パワー）。

■ ただし、指の「でこピン」と同じく、筋の長さを伸張させる何らかの先行する動作が必要。

■ 柔軟性があるほど、安全に「でこピン」パワーを発揮しやすい環境にあり、若者ほど有利。

3）上級者と「でこピン」パワー

したがって筋の長さをより長い「L2」状態としてから、あたかも引き伸ばされたゴムが直線的に元に戻ろうとするかのように力強く働く「でこピン」パワーが重要で、いわゆる指の「でこピン」がそのメカニズムを発揮させていたもっとも身近な例だったのです。

スポーツ現場では筋の持つこの特性をどれだけ有効に活用できるかどうかが重要な課題だとみてよいでしょう。要するに「L1」よりも「L2」状態のほうが、より強く大きな筋力が発揮でき、普通に意識して力強く使おうとする場合よりも「脱力」して筋をより長くしてから使ったほうがはるかに力強く使えるということだったのです。これが指の「でこピン」が特別に痛かった理由です。

教科書によれば、「L1」時の30％以上に高まった出力が発揮できるとの記載もあり、関節可動域がより大きく、筋の柔軟性がより高いほど、さらに力強さが増すことになります（この柔軟

性に関して、私が考えるもっとも恩恵を受ける部位は「肩甲骨と周辺筋」とみています。第3部で詳細に紹介します)。

　実際のスポーツ現場では、多くの上級者たちは、この「受動性伸張による張力」を指・リストに限らず、全身のどの部位にも「でこピン」パワーとしてタイミングよく、そして効率よく働かせてプレーしているはずなのですが、誰にとっても「でこピン」パワーなるものは発揮している本人自身でさえも明確に自覚できるものでもないため、これまでスポーツ関係においても、ほとんど引用や紹介、説明もされてこなかったとみてよいでしょう。
　一言で要点をいえば、目的の筋に最大の出力を発揮できる「でこピン」パワーを、もっとも必要なタイミング、つまりスイング動作であればインパクトのタイミングでその人なりに最大に発揮できるかどうか？　この一点に集約されると私はみています。本書ではこの点に絞って話を続けていきます。

　この「でこピン」パワーは、引き伸ばされたゴムが元に戻るように、より直線的な動きになります。その分だけ、方向性が安定しており、「オートマチック」「最短距離で下りてくる」と表現されるような正確な動きが可能となり、上級者ほど、安定したフォームで、正確で力強いパフォーマンスに通じてくれていたとみてよいでしょう。
　ただし、「でこピン」パワーを発揮するためには、いくつかの約束事が必要です。すでに述べてきたことですが、まずは目的の筋・関節を少なくとも直前には十分に「脱力」させておく

ことが、もっとも基本的な前提条件となります。十分に「脱力」した環境が用意・準備されてこそ、目的の筋を本来の長さ「L1」よりも、十分に長く伸張した理想的な「L2」状態に導けることになります。これがスポーツの現場で「脱力」が推奨されてきた理由に他なりません。

　これで「脱力」と「力強さ」という全く逆の概念であった両者を結び付けることができました。皆さん、理解、納得していただけましたでしょうか？

　上級者ほど「脱力」を強調しているのも、働かせたい筋を単に「求心性収縮」としてではなく、通常の長さである「L1」よりも、より力強さが発揮できる「L2」状態へ導く必要があり、そのために使いたいタイミングの直前に「脱力」なる環境が必須だったというわけです。

　そして理想的な「L2」状態で仕事をさせることができれば、その後に少し筋が収縮して短くなったとしても、なお通常の「L1」で仕事をさせることもできます。要はできるだけ筋の長さを長くしてから使うべきだということにもなります。

要点

- 上級者ほど、目的の筋の長さを長く伸ばすため、関連する関節周辺部位を十分に「脱力」させている。
- 働かせたい筋の長さをできるだけ伸張させる（「L2」状態）ことで、自覚できずとも効率よく「でこピン」パワーを発揮させている。
- 上級者ほど「でこピン」パワーを、もっとも必要なタイミング、

つまりスイング動作ならインパクトのタイミングでその人なりに「でこピン」パワーを最大に発揮させている。

4) 先行動作の必要性

　実際のスポーツ現場では、単に「脱力」するだけではなく、十分な「L2」状態へと筋を導くための先行する動きが必要となります。この「L2」状態へ導くための動きを、ここでは一括して「先行動作」とまとめて呼んでおきましょう。

　スポーツ動作では、「脱力」した環境で、目的の筋を「L2」状態に導くため、プレーヤーなりの「先行動作」を安定して行うことが重要な課題となります。最初に紹介してきた指の「でこピン」も、指を伸ばす筋腱を「L2」状態へ導くため、あらかじめ母指などの協力が必要でした。この母指の働きが「先行動作」となります。

　またリストでは、背屈を誘導する「先行動作」によって、手を甲側から手のひら側へ掌屈させる「手根屈筋」を十分に伸張させることが必要になります。この場合の「先行動作」ですが、道具側でも肘側でも、あるいは両側の動きによって、リストの背屈が行われるのですが、どちらにせよ、その人なりに「L2」状態から「でこピン」パワーを理想的に発揮させることができればよいのです。

　上級者ではスポーツ種目にかかわらず、「脱力」した環境下

で適切な「先行動作」を行い、目的の筋を伸展させ、十分な「L2」状態へと導いて、自動的に「でこピン」パワーをタイミングよく力強く発揮させることで、「軽く振ってもよく飛ぶ」といったパフォーマンスが安定して実践できることになります。

対して、まだまだ未熟な中級・初級レベルでは、無駄に力んだ環境下で、リスト他の「脱力」が不十分であるとみてよいでしょう。この場合、たとえ上級者と類似の「先行動作」を試みたところで、目的の筋を十分に伸張できることはなく、理想的な「L2」状態に導けることはありません。

多くの場合、筋の長さが早々と短縮しつつ、筋出力が次第に低下してしまう「求心性収縮」によって仕事をせざるを得ず、本人の意識に反して非力な結果となってしまいます。

繰り返しますが、まずは周辺部をしっかり「脱力」させ、インパクト直前のタイミングで「先行動作」によって働かせたい筋を十分な長さまで伸展させておく必要があったということです。

要点

- 上級者ほど、十分な「脱力」下に、何らかの「先行動作」によって、効率よく目的の筋を「L2」状態へと導いている。
- 「でこピン」パワーを活用していることで「力強さ」に加えて「正確性」「再現性」を発揮している。
- 初心者では、同じ「先行動作」に見えても、無駄に力んで、目的の筋を効率よく「L2」状態へと導けることはない。

現在では、最新の各種解析機器により、どのスポーツでも身体の各部位についての動作解析が積極的に行われるようになり、上級者たちの身体各部の動きやクラブなどの軌道についても詳しく分析され、そのメカニズムも次第に解明されつつあります。

　しかし、単に動きを真似るだけでは不十分で、今回リストで紹介してきたように、その動きをもたらす力の中身、つまり「でこピン」パワーまでをしっかり真似ることができてこそ、ようやく上級者たちと同様の高いパフォーマンスが可能だったというわけです。

　いかがでしたか？

　ここまでの説明で、読者の皆さん方は、「脱力」の必要性、そして「脱力」が「力強さ」を生むメカニズムについて、その概要をほぼ理解していただけたと思います。「脱力」なる環境は、確かに誰にとってもあいまいで抽象的、しかも明確に感じ取れるものではなく、個人差もあり、それぞれが理想的に使いこなすことはなかなか困難で、いわゆるメンタル面も大きく影響してしまうことも当然です。

　しかし「脱力」と「先行動作」をしっかり組み合わせて行うことで、単に強く意識を込めた場合よりも、はるかに高いパフォーマンスが期待できるという、一連の今回のメカニズムについては、理解していただけたと思います。

　上級者の多くは、日頃の練習によって、それら一連のスムーズな安定した使い方を身につけ、メンタル面も鍛錬され、それぞれなりに「でこピン」パワーを引き出す使い方を身につけて

「力強さ」、そして「正確性」「再現性」を発揮していることになります。

　若者たちほど、より高いレベルに、より早く到達できてしまうのも、関連する各部の柔軟性が中高年よりはるかに高く、筋繊維や各関節靭帯成分の伸縮・弾力性もあって容易に伸展しやすい環境が整っており、身体のどの部位であっても、無理なく理想的な「L2」状態へと導きやすい環境にあるため、とみてよいでしょう

　対してわれわれ中高年では身体のいずれの部位の筋や靭帯成分の柔軟性も相当低下してしまっており、「でこピン」パワーを活用しづらく、上達が難しくなって、到達点も低くなってしまいます。しかし、たとえそうであっても、日頃から柔軟性の維持・向上に努めつつ、「でこピン」パワーを求める姿勢が好ましいことはいうまでもないでしょう。

第 1 部 の ま と め

　第1部は本書のもっとも核心の部分です。

　スポーツ現場では「脱力」なる環境が好ましいことはすでに当然のことだとされています。皆さん方も周りの上級者たち、そしてメディアなどのさまざまな情報からも「脱力」が重要であることは確かに好ましいことであり、正しいことなのだと、一応は納得し、了解されておられたものと思います。

　しかし、多くの方々にとって、「力みのないほうがいいのに決まっているが、そうは言っても、力を込めないと遠くへ飛ばせないのも現実だし、いったい具体的には身体のどこをどうすれば……」といった気持ちではありませんか。なかなか、心の底から「脱力」することに理解・納得できていない方のほうが多かったはずです。一般によくなされている説明も感覚的な表現ばかりで、「脱力」できていないことで、筋が硬くなるとか、関節可動域が落ちてしまうといった程度でしょうか。

　実はそういった次元ではなく、筋とは「脱力」するほどに、最大の力強さを発揮できるものだったのです。つまりわれわれの身体において、力強さを発揮してくれる「筋肉」なる組織は、「脱力」した環境下で、筋の長さがより引き伸ばされるほど、より力強さを発揮できるという性質・能力をもともと備えており、われわれの周りの上級者では、その機能を最大活用させていたというわけです。

　この第1部では、身体を構成する筋の機能・性状を紹介し、これまでウヤムヤにされてきたとみられる、「脱力」と「力強さ」の関係を私なりに、筋自体が持つ機能・性状に基づき、サイエンスの立場を崩さず、紹介してきました。皆さんも両者の密接な関連性を真に理解していただけましたでしょうか？

　ただ「脱力」なる環境は、ヒトが五感を研ぎ澄まそうとも容易に感じ取れる質のものでもなく、図や動画でも示せ

ず、また明確に意識して扱えるものでもありません。気持ちや感情の影響も受けやすく、容易に崩されて、かき消されてしまう程度の頼りないものだとみてよいでしょう。いわゆる、「無の境地」といった感覚にも通じており、メンタル面として大きく影響してしまうのも止むを得なかったのです。

したがって、こういったメカニズムが解明され、たとえ頭でその存在をしっかり理解できたとしても、実際のスポーツ現場で安定して発揮することは非常に難しく、誰もが容易に実践できるものではありません。鍛錬・修練といった表現になってしまいますが、メンタル面とともに上達を求めて繰り返し努め続けるしかないのですが、少なくとも、無駄な横道に迷わず、上達への近道に通じてくれるものとみてよいでしょう。

習得できた達人の領域となれば、関連する一連の筋群を十分に脱力・伸展させることができ、常に反射的に、いわばオートマチックに「受動性伸張による張力」である「でこピン」パワーを容易に、しかも効率よく最大に引き出し、それぞれがさらなる高みを目指しているのでしょう。

この第1部では、「脱力」がなぜ「力強さ」を生むのか？
各種スポーツの上級者たちが強調する「脱力」のもたらす効果について、いわゆる指の「でこピン」現象に着目し、筋の持つ本来の機能・性状から「力強さ」を生むメカ

ニズムを追求してきました。

「でこピン」パワー自体は日常ごく当たり前に観察される現象です。ここでは私なりにできるだけ科学的・客観的な立場を崩さず、説明を加えてきたつもりですが、筋の機能・性状に基づいた有効な使い方の大原則を一般の方々が知るはずもなく、明確な形もなく視覚でも捉えきれないものだけに、読者の皆さんにとってはまだまだ難解だったかもしれません。

第2部では、スポーツにおける不可解な上手さ・強さに関する謎解きを切に求めて止まないスポーツ愛好家の方々を対象に、しっかり理解していただけるよう、各種スポーツにおける「でこピン」パワーについて、私なりに、具体的に紹介していきましょう。

スポーツ現場における「でこピン」パワー

では、実際のスポーツ現場で、各種スポーツにおける「でこピン」パワーを、私なりに具体的に紹介していきましょう。ラケットやクラブ、バットといった道具を握ったスイング動作では、腕立て伏せや壁を「押す」といった動作と同様に、すでに述べてきたことですが、私はまずは道具が相手の最も近くに位置しているリストに「でこピン」パワーをいかに発揮させることができるかどうか、つまり、その人なりにリストを理想的に使えるかどうか、それが特に重要であったとみています。

　腕立て伏せでは肘を深く曲げ、肘を伸ばす筋（上腕三頭筋）を十分に長くし、その後に肘を伸ばしながら、リストを垂直近くまで反らせていきます（図2-1）。皆さんも実践してそれを確認してください。リストは十分に反らせたほうか「手根屈筋」に「でこピン」パワーを強く発揮でき、非力なリストでも身体の重さをしっかりと支えることができます。

　言い換えると、リストを反らせ、「手根屈筋」の長さを十分に伸ばしたままで、仕事をさせることが、より身体・体幹に由来する力強さをリストにそのまま安定して伝達しやすいということにもなります。しっかりリストを反らせることで「手根屈筋」にその人なりに最大の「でこピン」パワーを発揮させ、さらにその先の道具に伝えてくれるとみてよいでしょう。
　たとえ非力であっても、十分に反らせ「手根屈筋」の筋力を最大に高めて理想的なタイミングで「でこピン」パワーを力強く使えることで、各種スポーツ現場での力強いスポーツパ

図2-1 腕立て伏せ時、肘を伸ばしながらリストが反っていく

フォーマンスを発揮できることになります。そして、こういった使い方が、同時に私の立場でこだわるべき身体に優しい本来の使い方にも通じているはずとみて、この先も私なりに話を進めていきたいと思います。

　この第2部では、球技における「でこピン」パワーについて紹介していきましょう。

第 **1** 章　**テニス**

　ラケットやクラブといった、柄のある道具を握って行うス

ポーツ動作では「でこピン」パワーをどのように発揮して使っているのでしょうか。単に腕力だけで、ラケットを振り回しても上手くいかないのは当然ですが、ここでは道具にもっとも近い関節である手首・リストに焦点を当てていきます。

リスト・手首を手の甲側から手のひら（掌）側に動かす働きである「手根屈筋」（P19／図1-4）に着目していきましょう。まずテニスのフォアハンドについて、右利きを前提に「でこピン」パワーを紹介していきます。実は、硬式テニスの経験者が、「でこピン」パワーを、一番理解・習得しやすい立場にあると私は考えています。

1) フォアハンド

フォアハンドでは、テークバックとともに、身体が右側へターンし、同時に右腕も右後方へ移動していきます。このとき、指はラケットがスッポ抜けず、かつゆるまない強さで握っておき、リストは脱力して、ガチガチな状態にはしておかないことです。

切り返し以降、身体（下半身・体幹）の左側を引きつつターンし、体重移動しつつ、ダウンスイングが開始されます。このときリストが「脱力」し、いわゆる「ゆるゆる」状態がキープされていれば、身体のターン・移動が先行動作となって、慣性の法則にしたがい、ラケットの重さを感じ取りながら、自然に右手・ラケットが「置いてけぼり」状態となります（図2-2A）。

右リストは自然に手の甲側（背屈）へ反り、本人が意識せず

60

図2-2 フォアハンドでの「でこピン」パワー

体が回旋していくとともに、手とラケットは「置いてけぼり」状態となり、右手のリストは自然に反っていく（B）。インパクトは反ったまま迎えており（C）、インパクト直後でも返っていない（D）

とも「手根屈筋」は十分に引き伸ばされていきます（P61／図2-2B）。これが非常に重要で、その結果、「手根屈筋」は十分な「L2」状態に導かれ、その後に「受動性伸張による張力」が自然に生じてくれることになります（P44／図1-20における右上のカーブの部分、「受動性伸張による張力」が発揮される）。

　インパクトに向け、身体（下半身・体幹）がターンし、体重移動しつつ、明らかに胸も開いていきます。実は胸の開きも先行動作として必要で、その分だけ手・ラケットは「置いてけぼり」状態に導かれます。その後、右肩・右腕・肘・ラケットを一体化させたまま、こねるような動きなくリストを返そうとはせず、ラケットの重さを感じ取りながら、いわゆる面をつくったままスイングしていくことになります。

　このとき、リストがラケットより先行していますので、いわゆるハンドファーストでインパクトを迎えることになります（P61／図2-2C）。「手根屈筋」は十分な「L2」状態のままですので、インパクトでも理想的な「でこピン」パワーを安定して発揮できる状況となっています（図2-3）。

　インパクト以降も、下半身・身体は回転していきますが、リストを返そうとしないことでリストは「L2」状態のまま、ラケットにボールが接触してから離れていくまで（P61／図2-2D）、いわゆるインパクトゾーンの一定時間帯の間、「手根屈筋」は理想的な「でこピン」パワーをしっかり発揮し続けることが可能となります。

　インパクトゾーンで「でこピン」パワーが発揮され続けてい

図2-3 「でこピン」パワーを発揮したインパクト……リストはさらに反っていく

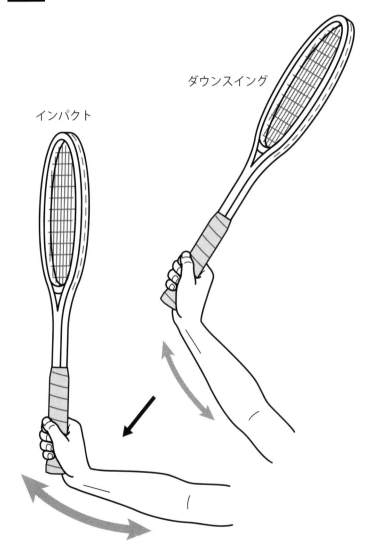

ダウンスイング

インパクト

ることで、ボールとの衝撃に負けることなくしっかり受け止めることができ、さらに「でこピン」パワーを働かせながら、余裕をもってプレーヤーが意図した方向や勢いのあるボールを、ラケットを加速しつつ、しかもコントロールよく打ち返せることが可能になるとみてよいでしょう。

見かけ上、リストを返す動きはほとんどありませんので、一般には「手先で打つな、身体の回転を使って打て」といった指導になっていきます。これが、上級者での「でこピン」パワーによる力強いフォアハンドストロークとなります。

▌2）「でこピン」パワーが発揮できない場合

次は、まだ上級に至らない、初級者をイメージしてみましょう。

リストを返す作用の「手根屈筋」ですが、ダウンスイング開始時から、この「手根屈筋」を積極的に使って求心性収縮させ、リストを動かして手の甲側から手のひら側へとリストを返して打っていきます（図2-4）。リストを返していく大きな動きが観察できますので、一般にはいわゆる「手打ち」として説明されがちです。

この場合、ダウンスイング開始時の「手根屈筋」は「L1」の長さであったとしても、リストを返していくことで、「手根屈筋」は短縮し、P37の図1-15で示してきたように、短縮した分だけ、発揮できる筋力が相当低下してしまった状況でインパクトを迎えることになってしまいます。

確かにゆるいボールが相手であれば、こういった求心性収縮

図2-4 「でこピン」パワーを発揮できていないインパクト

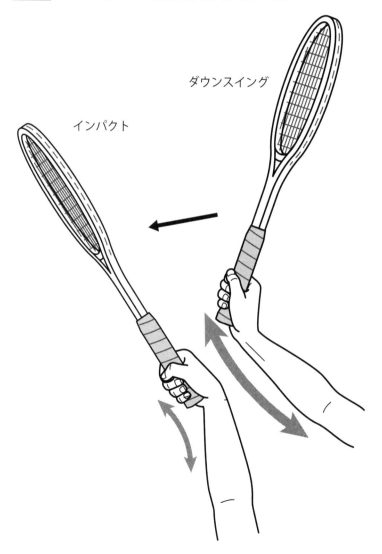

ダウンスイング

インパクト

であっても、ある程度は対応できますが、勢いのあるボールに対応するには、限界があります。飛んでくるボールがより速く、勢いを持つほどに、プレーヤー側も振り負けぬよう、さらにラケットを速く力強く振ろうとしてしまいます。そして発揮できる筋力が一段と低下してしまった状況でインパクトを迎えてしまうことになります。

体力・筋力が十分にあれば、何とか対応できるのでしょうが、初級以下のレベルでは、いくら歯を食いしばっても、勢いのあるボールに対しては、打ち負かされてしまうことになります。これがテニスの初心者では、勢いのある速いボールに対して、たとえボールをラケットの理想的な芯の部分にきっちり当てることができたとしても、簡単に弾かれてしまい、まず打ち返すことのできない理由だとみてよいでしょう。

現場の指導では一般に、「手打ちはダメ」「脇を締め下半身・身体で打て」とされています。しかし、下半身や体幹が直接ラケットを振れるわけではありません。ここでは、ラケットにもっとも近いリストに焦点を当て、下半身や体幹に由来する力を、リストを返す働きである「手根屈筋」に反映させて「でこピン」パワーとして発揮させるための使い方について引き続き話を進めていきましょう。

3）上級者での「でこピン」パワー

速く勢いのあるボールであっても、上級者のように確実に打

ち返すためには、意識して速く力強く腕を振り回すことではなく、切り返し以降、下半身・体幹のターンをしっかり伴い、体重移動しつつ、ダウンスイングでラケットの重さを感じ取りながら脱力したリストを慣性の法則により「置いてけぼり」状態、背屈位とさせ、「手根屈筋」が十分な「L2」状態でタイミングよくインパクトを迎えることです。これが下半身や体幹の力強さを非力なリスト・手先に反映するための最も基本的な身体の使い方だったのです。

インパクトでは身体のターンを伴うことによって、リストの背屈位を保持したまま、「受動性伸張による張力」による「でこピン」パワーを発揮させつつ、ボールを打ち出せることになります。

「でこピン」パワーがしっかり働くほど、強いボールの勢いを止めることができ、余裕があるほどに、ラケットは衝撃による失速が少なく、さらに加速もできて、ボールを思うような強さや方向にコントロールよく打ち出せることにもなります。「正確性」「再現性」も高まりますし、ドロップショットのような技も可能となるでしょう。

ボールがラケットに当たってから離れるまでの一定の時間帯は、リストを返さずとも、下半身・体幹の動き、そして体重移動を伴うことで、「でこピン」パワーを発揮し続けることができます。そしてボールがラケットから離れてからも、「でこピン」パワーが働くことで、リストが自然に返っていくことになります。

これが速く勢いのあるボールであっても、上級者たちが力負けせず、苦もなく容易にボールを力強く打ち返せるメカニズムであり、それは「でこピン」パワーをインパクトのタイミングで最大に活用させたスイングによるものだったとみてよいでしょう。

▍4）ボレー

　ボレーの際も、ネット際ではラケットを振り回すのではなく、ラケット面を打ちたい方向に合わせ、あたかも、壁になったかのように動きを止めた打ち方、あるいはボールがラケットに当たる瞬間にリストを反らせたまま、そしてラケット面を目的の方向に向けたまま押し出すような指導がなされているのも同じ理屈です。

　積極的に振ろう・打とうと意識するほど、インパクトめがけて腕を積極的に振り回し、リストにおいても手根屈筋を動かして使ってしまいます。その分、手根屈筋を必ず求心性収縮させて使ってしまいますので、振れば振るほど、発揮できる筋力は、本人の意識とは裏腹に、大きく落ちてしまってインパクトを迎えることになってしまいます。これがボレーでもリストを決して返さない指導になっている理由だとみてよいでしょう。

　いかがでしたか。通常のフォアハンドストロークにおいて、上級者ではラケットがボールに接触し離れていくまでの間、下半身や体幹は大きく動かされ、体重移動していきますが、イン

パクト付近においてはリストを返すような動きは外見からはほとんど認められません。

（もちろんさらに強力なトップスピン系のボールを打つ場合には、スピンをかけるための腕・リストの大きな動きが観察できますが、あくまで、まずインパクトのタイミングで「でこピン」パワーが発揮できている上級者だからこそ可能なスイングだと私はみています）

　見た目、リスト自体の動きがほとんどありませんので、逆に下半身や体幹などが重要視されてしまうというわけです。「身体で打て」「手打ちをするな」、といった指導が当たり前のように行われているのも、外見からリストの動きがほとんど認められなかったためでしょう。
　リストを返さずとも、下半身・体幹由来の力強さは、「でこピン」パワーによって、ラケットに十分伝えることができるのです。もし下半身・身体が先行動作として上手く使えていなければ、リストでの「でこピン」パワーを発揮できず、多くの場合はリストを返しながら求心性収縮となってしまい、見た目も手打ちとなって、しかも非力な結果となってしまいます。

テニス「フォアハンド」のまとめ

　復習しましょう。ここでは、リストに着目し、テニスにおけるフォアハンドをモデルに紹介しました。インパクト付近でのリストの動きがほとんどなくとも、上級者ほどリ

ストに「でこピン」パワーを存分に発揮させてプレーしていることもわかっていただけたでしょうか？　見た目の動きを真似ただけでは上手くいかないのも当然だったのです。

　繰り返しますが、ラケットがボールに接触し離れていくまで、インパクトの間は、下半身や体幹と比較してリストでは見た目の動きはほとんどありません。したがって、これまでの指導においては、リストではなく、明らかに動きの大きい下半身・体幹などに主眼をおいた指導になっていたのです。

　しかし、実際には下半身などの動きを真似るだけではなく、今回紹介してきたように、リストでの「でこピン」パワーをタイミングよくインパクトで引き出すところまで真似てこそ、ようやく上級者の力強いパフォーマンスが可能となります。

　逆にリストにおいて「でこピン」パワーさえしっかり発揮できれば、フォームは二の次でもよかったのです。見た目のフォームにこだわって真似るだけでは不十分であったことも、こういったメカニズムの存在を知ることによって理解できます。

　テークバックについても時間的に余裕があれば、「置いてけぼり」状態をイメージしてプレーできますが、実際には余裕のない場合のほうが多いはずです。上級者ほどどんなに速いボールであっても、また体勢が崩れようとも瞬時にラケットを引き、わずかな下半身・体幹の動きだけで、

リストの手根屈筋を十分な「L2」状態に導き、「でこピン」パワーを発揮させているのでしょう。こういった使い方は卓球やバトミントンなどでも必要とみられますが、上級者たちは、「でこピン」パワーをいつでもどこでもどんな状況でも、瞬時に安定して発揮できるかどうか、この課題をテーマに励んでいるものと私はみています。

第2章　野球

1) バッティング

　投げ込まれるボールの速さ・勢い、バット自体の重さ、さらに構造として先端近くに重心がある分、バッティングではたとえ両手でバットの芯でボールを捉えても、テニス以上に振り遅れ・力負けしやすくなります。ボールの勢いを止め、さらに打ち返すためには、下半身をしっかり安定させ、下半身・体幹のターンに加え、脇を十分に締めておく必要があり、一般には、「下半身で打て」「腰で打て」「脇を締めろ」といった教えとなっていきます。

　バッティングでも硬式テニスのフォアハンドと同様、「でこ

ピン」パワーを発揮させていくのですが、トスあるいはティーバッティングでは、前項でのラケットをそのままバットに置き換えて読み直してもらってもいいでしょう。両手で把持していても、何とか下半身リードを行い、「置いてけぼり」感も出せるはずです。引き続き、右利きを前提に述べていきます。

　神主打法で知られる落合博満元中日監督を参考に「でこピン」パワーを考えてみましょう（P74、P75／図2‐5）。ダウンスイングで下半身・体幹が先行してターンし、バットにかかる慣性力・遠心力により、肘から手先はやや遅れて後方へ残ることで、右手が甲側に、左手が手のひら側に自然に反ってくれることになります。私はこの右リストが甲側に反ったままで返さず、インパクトを迎えることで、「受動性伸張による張力」、つまり「でこピン」パワーを発揮でき、ボールを呼び込む・引き付けるといった表現にも通じていくものとみています。

　大リーグエンジェルスの二刀流、大谷選手、そしてイチロー選手、その他多くの好打者たちのいずれのスイングも、インパクト時もまだ利き手の左リストは反ったままでリストは返そうとはしてはいません（P76／図2‐6）。

　つまり、テニスと同様、まずダウンスイングでバットが「置いてけぼり」状態となって右利きでは右リストが甲側に反り、右は「手根屈筋」、左では「手根伸筋」が引き伸ばされ、これらが十分な「L2」状態となり、下半身・体幹の協力もあってインパクトで理想的な「でこピン」パワーによってボールの衝撃をしっかり受け止めつつ、身体が回転しながら打ち返してい

くことになります。

　対して未熟なレベルほど、ダウンスイングの時点で、右「手根屈筋」および左「手根伸筋」ともに求心性収縮させつつスイングしており、インパクトでは見た目にも右リストを返しながら打つことになります。この場合、腕の力で3塁側へ引っ張ろうとするほど、リストは返っていき、これらの筋はともに大きく短縮して、本人の意識に反し、かなり非力な状態でインパクトを迎えてしまうことになります。

　結果、「でこピン」パワーを発揮できることはありません。引っ張れば引っ張るほど、ボールを力強く打ち返せることはなく、よほどの体力・筋力がない限り、たとえバットの芯で打てたとしても、勢いよく前に飛ばせることはなく、ボテボテのゴロとなってしまいがちです。

　ですから、バッティング指導の現場では、強く振り回して引っ張るスイングよりも、まずはリストを返さない打ち方、つまりセンター返し、または逆方向へ打ち返すことが基本だと勧められているのです。繰り返しますが、右利きならリストを返して3塁方向へ引っ張ろうとすればするほど、インパクト前に目的の筋を短縮させてしまい、発揮できる筋力が低下し、結果は下半身・体幹に由来する力も反映できなくなってしまうのです。

　したがって、より確実に力強さをボールに伝えるためには、リストを返さず、右「手根屈筋」および左「手根伸筋」の長さを長く保ったままでスイングすることで、インパクトで「でこピン」パワーを発揮しやすくなるのです。引っ張る動きが必要

図2-5 落合博満氏の選手（当時）のバッティング……インパクト以降でも
右リストは反っている

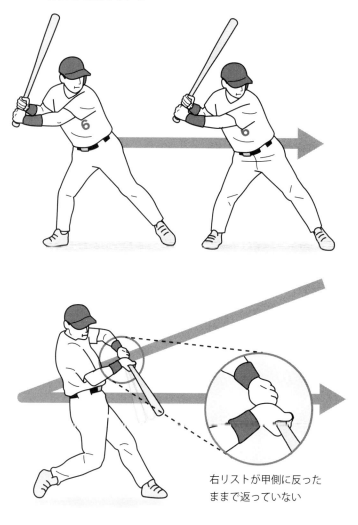

右リストが甲側に反った
ままで返っていない

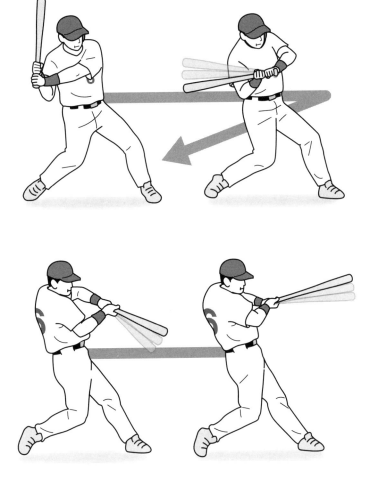

図2-6 大谷翔平選手、イチロー選手（当時）のバッティング
利き手の左リストは十分反っており、決して返していない

な場合もあるでしょうが、いわゆる流し打ちを得意とするアベレージヒッターでは、リストを返すことなく「でこピン」パワーを発揮させているからこそ、いい当たりが連発できるものとみてよいでしょう。

　変化のあるボールに瞬時に対応する必要があるのはテニスと同じですが、ここではボールのスピードや変化、そしてコースへの対応までは立ち入れてはいません。しかしラケットと同様、バットをコントロールしつつ、ボールの変化を含めてインパクトのタイミングでいかにリストに「でこピン」パワーを発揮させることが「上手さ」「力強さ」にそのまま通じるものとみて異論の余地は生じないのではありませんか？

図2−6a　リストのアップ図

　次はピッチングでの「でこピン」パワーを紹介しましょう。

2）ピッチング

　ピッチャーでもリストに着目して見つめていきましょう。
　オーバースロー、スリークォーター、サイドスローといった投げ方にかかわらず、上級者ではリストの「でこピン」パワーを存分に発揮させているのですが、ここでは全身を使ったオーバースローをイメージしてみましょう。

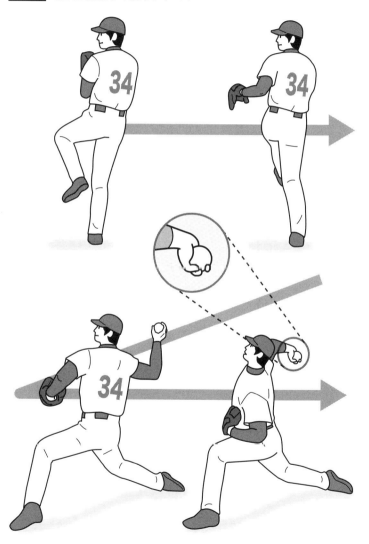

図2-7 前田健太投手の投球フォーム

ミネソタ・ツインズの前田健太選手、通称・マエケンを参考に「でこピン」パワーを考えてみましょう（P78、79／図2-7）。

　軸足（右脚）で立ち、反対側の脚（左脚）を前方へ踏み出しつつ、ボールを持った手のひら側を下に向け、腕（右腕）を挙げていきます。腕を挙げてから左脚をしっかり前方へ踏み込み、下半身から身体が回旋していくにしたがい、右リストは「置いてけぼり」状態となり、自然に甲側に背屈し、「手根屈筋」が伸展されていきます。

　この場合でも、プレーヤー自身は積極的にリストを背屈させようとしてはいません。まず下半身を大きく踏み出し、体幹も前方・左側へ先行してターンしつつ体重移動していきます。遅れて肩・腕が回旋しながら大きく前方移動していくことで、リストはボールとともに「置いてけぼり」状態となり、リストとボールは後方から上がりながら、最終的にさらに背屈していくことになります。

　右腕の「手根屈筋」が自然に伸展されていくのは、テニスやバッティングと全く同じです。下半身・体幹が踏み込んで、体重移動し、やや遅れて肩・腕全体も回旋しながらともに前方へ移動していきます。これらの前方への動きが速やかで大きければ大きいほど、リストとボールはさらに「置いてけぼり」状態となり、「手根屈筋」は十分な「L2」状態に導かれて「受動性伸張による張力」、すなわち「でこピン」パワーが最大に発揮されつつ、ボールがリリースされていくことになります。球種

にもよりますが、指は無用に力まず、リストの動きを妨げないことが必要な条件になります。この流れは、これまでと全く同じです。

投球動作においても、下半身を回旋させながら前方へ大きく移動する動きが不可欠で、さらに股関節・体幹・肩回りの柔軟性があればあるほどに、リストは十分に背屈した「L2」状態を経て、後方から前方へ移動しつつ、ボールを十分に加速しながら、できるだけ前方で「でこピン」パワーを発揮させつつボールをリリースしていくこととなります。

レベルの高いプロ・上級者ほど柔軟性とともに鍛えられた下半身から体幹が前方移動しながら、肩甲骨と順にスムーズに身体を動かしていきます。いわゆる滑らかな運動連鎖を行い、最終的にリストを十二分な「L2」状態へと導き出すことで、ゆっくりとしたリズムであっても、下半身・体幹に由来する力強さが十分な「でこピン」パワーとして発揮されていきます。しっかり腕も振られ、あたかも腕がしなり、「球持ちがいい」といった表現にもつながっていくことになります。

また、投球障害の予防には、まずは投球数の制限、肘の高さも重要ですが、後方から腕を上げる際に、早めに腕を上げていき、肩の上方で腕を回旋させるなど、肩にかかるストレスをいったん減じてから、その後の振り下ろすタイミングに合わせて力感を集中させることで、結果、肩・肘に優しい投げ方に通じてくれるものと私はみています。詳細はここでは割愛します。

さて、次はゴルフスイングにおける「でこピン」パワーについて紹介してみましょう。ゴルフスイングでは、私が思うに、テニスやバッティングとは異なり、ボールは静止していますが、ボールが小さく、道具が長く種類も多彩で、方向性はもちろん求める距離や高さ・球質など厳密な正確さが常に求められます。ミスの許容度が小さく、取り返せないミスもあるのが現実です。

　そしてインパクト時のボールとの接触時間が非常に短いことや、さらに年齢・柔軟性をはじめ、さまざまに影響する因子が多く複雑すぎて、万人に共通する説明が特に難しくなります。

　ここでは、まずインパクト時の抵抗が大きいバンカーショットなどのショートスイングといった、小さなクラブ・小さなスイングから「でこピン」パワーを紹介してみましょう。

第3章　ゴルフ「ショートスイング」

　まずはバンカーショットから紹介しましょう。ゴルフスイングの中で、私はバンカーショットがもっとも「でこピン」パワーを説明・体現しやすいと考えています。ここでも右利きを

前提に話を進めていきます。もちろん、ゴルフをされない方は
飛ばしていただいて構いません。

1) バンカーショット

バンカーショットの打ち方について、周りの上級者に問え
ば、サンドウェッジの持てる特殊な機能、そしてボールに対す
る特徴的な立ち方や構え方、そしてクラブ軌道やヘッドの落と
しどころ、さらに砂ごと爆発させるような打ち方を指導してい
ただけるでしょう。もちろんそれらは、バンカーショットを成
功させるため、守らねばならぬ基本的な事項です。しかし実際
にはそれだけでは不十分で、加えて上級者では必ずプレーヤー
なりの理想的な「でこピン」パワーを発揮させつつスイングし
ているからこそ、あれほど簡単にバンカーから脱出できるのだ
と私はみています。

バンカーショットではいわゆるダブらせて打つことになり、
ボールが深く砂に沈んでいる場合ほど、一緒に砂も多くとらざ
るを得ないことで、衝撃も一層大きくなります。したがって、
フェアウェイ時の何倍もの大きい衝撃に対抗できることがもっ
とも重要な課題となります。

バンカーショットが得意ではない方々では、私もそうだった
のですが、ボールと砂を力強く一気に飛ばそうと意識し、ボー
ルの手前の砂めがけ、その強い抵抗に負けまいとしっかり打ち
込もうとしてしまいます。

しかし、力強くボールを砂ごと打とうとするほど、右リストの「手根屈筋」と左リストの「手根伸筋」の両者ともに、筋が短縮していく求心性収縮によってクラブを振り下ろすことになり、気持ちや意識とは裏腹に、力強さが相当に低下した状態となってボールと砂を相手することになってしまいます。野球のバッティングでいえば、無理やり引っ張ってしまう状況と同じとみてよいでしょう。

　抵抗が大きいほどクラブは弾かれてしまい、思うような結果が得られることはありません。バンカーショットでは、より大きな抵抗に対応できる「でこピン」パワーを安定してインパクトで発揮することが必須であると私はみています。

　もう少し詳しくバンカーショットにおける「でこピン」パワーを説明していきましょう（P86、87／図2‐8）。ダウンスイングが開始され、手元が降り、重たいクラブヘッドを、トップでつくられたリストの角度を積極的に崩すことなく重力にしたがって下ろしていき、シャフトが水平付近に戻ってきたあたり（P86／図2‐8B）から、飛球線と逆方向に「遠心力」が働いて、手元がクラブヘッドの重さと「遠心力」の両者によって、後ろ方向へ引っ張られます。まずは繰り返し、素振りでこの「引っ張られ感」の存在を感じ取り、テニスと同様にリストを適度の「置いてけぼり」状態に導くことが重要です。

　指先やリストが十分に「脱力」されている環境下であるほどに、クラブヘッドの重さと「遠心力」によって生ずる、「引っ張られ感」をリストに感じ取りやすくなり、このクラブヘッド

の重さと「遠心力」を先行動作とすることで、テニスと同様に右リストが自然に背屈して「手根屈筋」、左リストの「手根伸筋」が伸ばされ、十分な「L2」状態へと導かれることになります。まずは、このリストでの「引っ張られ感」を味わえるかどうかが重要で、その感覚を身体に経験させることです。

この「引っ張られ感」を感じつつ、そのままリストを積極的に返そうとしないことでリストは、「置いてけぼり」状態に導かれ、右「手根屈筋」と左「手根伸筋」は十分に伸展した「L2」状態となって、インパクト（P87／図2-8E）で「でこピン」パワーが発揮できることになります。結果は砂の強い抵抗があっても、強い衝撃にも耐え、弾かれることなく、ボールを砂ごとまとめて運んでくれることになります。

上級者であるほど、リストの「脱力」が守られて振り下ろされ、ヘッドの重さと「遠心力」を先行動作として右「手根屈筋」、左「手根伸筋」の両者を伸展させ、十分な「L2」状態へと導いているのです。リストの動きは見た目になくとも、本人が意識せずとも、彼らは「でこピン」パワーをインパクトのタイミングで発揮させてバンカーショットを行っていたというわけです。

対して、上級に至らないアマチュアでは、ダウンスイング開始時にリストが脱力されておらず、クラブヘッドの重みや遠心力を先行動作として上手く利用できていませんので、リストを十分な「L2」状態には導けません。インパクトでは勢いをつけようと、リストを返しながら打ち込むことになってしまい、「求心性収縮」となって、発揮できる筋力が相当低下した状態でインパクトを迎えてしまうことになります。結果はいくら歯

図2-8 バンカーショットにおける「でこピン」パワー

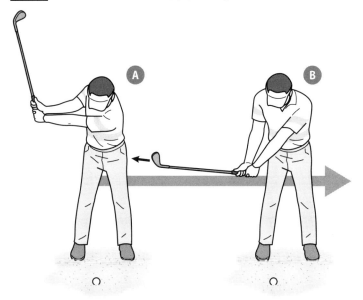

- Aから B、Cにかけてクラブヘッドには、その重さを受けて飛球線と逆方向の遠心力が働く。そのためリストは飛球線と逆方向に引っ張られる

- このとき脱力した右リストが背屈し、手根屈筋が伸張していく

- 遠心力が下方に向かい、右リストは背屈が減じていくが、インパクト直前（D）でも右リストは反ったまま「受動性伸張による張力」による「でこピン」パワーを発揮できる状況。インパクト（E）を迎えたあと（F）でもリストは返しておらず、「でこピン」パワーを発揮し続けることになる

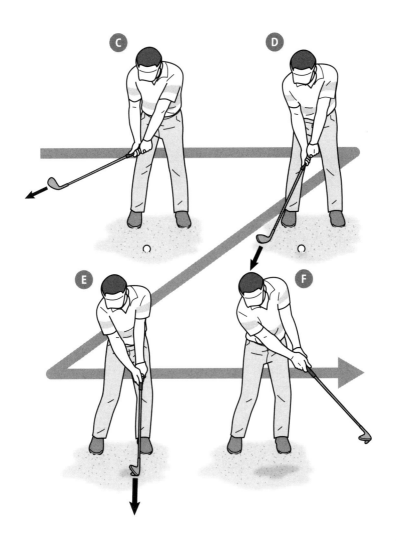

遠心力

を食いしばっても、強い衝撃に弾かれてしまって、思うような
ボールが打ち出せることはありません。もちろんサンドウェッ
ジの持つ機能も有効活用できなくなるとみてよいでしょう。

クラブの動きや軌道など、見た目をいくら真似ても上手くい
かないのも、肝腎の中身であるリストでの理想的な「でこピ
ン」パワーをインパクトで力強く発揮できていなかったため、
というわけです。

▌2）アプローチショット

バンカーショットとほぼ同じ理屈でよいと私はみています。
30〜40ヤードのサンドまたはアプローチウェッジを用いたい
わゆるピッチエンドランによるアプローチをイメージしてみま
しょう。トップの高さはシャフトが水平＋αぐらい、スタンス
はオープンで両足をかなり狭めて、右足の踵の前あたりでボー
ルをセットする感じでどうでしょう。

前項のバンカーショットとほぼ同じで、トップの高さから切
り返し、手元が下りつつ、クラブヘッドが飛球線と逆、そして
下方に下りつつ、クラブヘッドの重みとともに逆方向に「遠心
力」が働きます。このクラブヘッドの重みを感じながら、クラ
ブヘッドにかかる「遠心力」によって、リストが後方のクラブ
ヘッド方向に引っ張られて背屈したまま、クラブヘッドがイン
パクトに向かっていくことになります。

バンカーショットと同じで、リストが「脱力」されていれば、この「引っ張られ感」を感じ取り、右リストで「手根屈筋」は伸展されて十分な「L2」状態に導かれ、「受動性伸張による張力」が働き、「でこピン」パワーがしっかり働いてくれることになります。

リストの右手がやや背屈した形ですが、スイング中はトップの角度をキープしてフォロースイングまで、そのまま角度を変えないグリップの力感を変えない意識がよく勧められます。この表現も実は高められた「でこピン」パワーを発揮し続けるための表現だったのです。リストを返さないことで下半身の動きが必要にはなりますが、見た目ハンドファーストとなってインパクトを迎えることになります。プレーヤーは自覚できずとも、「でこピン」パワーを発揮してインパクトを迎えていたのです。これら一連の流れはバンカーショットとほぼ同じです。

インパクトではフェース面にボールを乗せて運ぶ、ボールがフェース面に吸い付くような、あるいはボールを押す、といった表現になるのでしょう。これらも「でこピン」パワーを発揮させたまま、インパクトを迎えていたことを理解していただけるでしょう。1ヤード程度のごく短いキャリーのアプローチ練習を勧める目的も同じで、距離にかかわらず、決してインパクトを過ぎるまでリストの形を変えない、つまり指導の本質は「でこピン」パワーを使え、ということになります。結果は、リストでの無駄な動きのない分、ダブリやトップなどのミスについても激減させてくれるはずです。

アプローチでも「手打ちをするな」「腰・下半身で打て」という指導がよくなされます。リストを返さないため、体幹、そして下半身による代わりの動きが必要となるためです。しかし、たとえリストの動きがほとんどなくても、また強い手応えがなくとも、実際には「でこピン」パワーがリストにしっかりと発揮された状態でインパクトを迎えていたのです。

　ただ、「でこピン」パワーは明確には自覚できませんので、プレーヤー自身にはリストに力を込めて積極的に使った意識は全くありません。逆に動かしていない感覚、プレーヤーにとってはリストには何もさせていないという自覚のほうが強いかもしれません。確かに使いこなしているプレーヤーほど、自身のプレーを動画で確認すれば、見た目に明らかに下半身が大きく動かされていますし、自身は感覚的にクラブの動きやかかる重力に委ねていますので、周りに教える際には「手で操作するな」「腰で打て」「下半身または足（脚）で打て」とか「クラブに動きに任せて打つ」あるいは「クラブに仕事をさせる」などと表現してしまうことになります。

　飛ばしたい距離が長くなり、スイングが大きくなっても理屈は同じです。下半身・体幹が戻り、ダウンスイング途中でクラブヘッドに働く飛球線と逆方向への「遠心力」も大きくなります。リストが脱力していることで、テニスと同様にクラブの重さを感じ取り、手先とクラブヘッドは「置いてけぼり」状態となって、右リストはより背屈することになります。

結果、右リストの「手根屈筋」、左リストの「手根伸筋」に「受動性伸張による収縮」がより強く働き、「でこピン」パワーが力強く発揮されます。リストは返っていないため、ハンドファーストで迎えており、「でこピン」パワーによって抵抗に強く、多少のラフであっても、滑るようなインパクトが可能となります。

　念のため申し上げますが、「リストを返さず……」と表現はしたものの、決してリストが動かぬように固めているわけではありません。グリップはぐらつかない程度に一定の強さでの指の把持は必要ですが、リストでは適度に脱力し、あくまでクラブヘッドの重さを感じ取りながら、リストがクラブに働く重力や「遠心力」の方向と大きさの変化によって自然に背屈の程度が変化してくれる程度にとどめて握っておくことです。
　ダウンスイングではインパクトまでリストの角度が変わらぬように努めますが、次第に「遠心力」の働く方向が変わっていき、背屈の角度も自然に減じていきます。インパクト以降は、「遠心力」は飛球線方向へ働きますので、手を返すつもりがプレーヤーになくても、わずかずつ自然にリストが手のひら側に返っていきます。「遠心力」の大きさによってフォロースイングの大きさも変わっていきますが、上級者ではテークバックの大きさの調整によって微妙な力感、距離感を出しているはずです。

　ここまで、バンカーショット、アプローチショットといった比較的小さいスイングにおける「でこピン」パワーを紹介して

きました。上手い上級者ではクラブヘッドの重さと「遠心力」が先行動作として働き、ダウンスイングからインパクトまで、右リストの背屈、左リストの掌屈が保たれ、「でこピン」パワーが生み出されてインパクトで発揮していたというメカニズムです。

　上級者たちはよく「何もしなくとも、クラブが勝手に仕事をしてくれる、簡単だ」といわれます。中級以下のアマチュアにとっては理解しにくいことですが、バンカーショットやアプローチショットが上手くできている上級者であるほど、「でこピン」パワーは、当たり前すぎて具体的には表現できなかったのです。

　さらにプロ・上級者では、レベル向上を求めて、もっと他の厳密で繊細・微妙な使い方にこだわっていく必要があるのでしょうが、それらも「でこピン」パワーの活用が習得できていればこそ可能なこだわりであり、われわれ一般アマチュアなら、まずはインパクトのタイミングで「でこピン」パワーをいかに確実に安定して発揮できるかどうかを課題にすべきだ、と私はみています。

　クラブやスイングが大きくなれば、全身運動となって、遠心力以外にも先行動作として身体の各部分がよりさまざまに関与・影響し、絡み合い、非常に複雑になっていきます。指導者たちも経験的にそれぞれ自身にとっての重要なチェックポイントを教えてはくれますが、われわれ一般アマチュアにとっては、それだけではなかなか上手く役立てなかったのではありませんか？

　明確に自覚できなくとも、目に見えずとも、リストで「でこ

ピン」パワーをインパクトでタイミングよく十分に発揮させることが重要だったのです。各自の身体の体力・筋力・柔軟性の違いもあり、個々の捉え方も実際の見た目の動きも、相当な個人差を生じてしまうため、指導者たちのこだわりや教え方もそれぞれに異なってしまっていたのですが、すべてはインパクトのタイミングでその人なりの理想的な「でこピン」パワーをリストに発揮させるための表現であったと私はみています。

　次の章では、フルスイングにおける「でこピン」パワーについて述べてみましょう。

　この先もこれまで誰も論じてこなかった立場からの内容になりますので、ご了承ください。もちろんゴルフをされない方は、飛ばしていただいて構いません。上手さ・強さの謎解きを真に求めて止まない方々を対象に引き続き「でこピン」パワーを展開していきましょう。

第4章 ゴルフ「フルスイング」

　ここまで各種スイングと投球動作、ゴルフではバンカーショットやアプローチなど小さいスイングにおけるリストでの

「でこピン」パワーを紹介してきました。

　重たいクラブヘッドに働く重力と「遠心力」の両者が、「先行動作」となって「脱力」したリストを、「置いてけぼり」状態とし、右「手根屈筋」、左「手根伸筋」の両者を、十分な「L2」状態へと導き、その後に「受動性伸張による張力」である「でこピン」パワーを、インパクトのタイミングで発揮させる、という一連の流れを紹介してきました。おおよそでも理解していただけましたでしょうか?

　どんなスポーツでも、もちろんゴルフでも、スイング動作であればインパクトのタイミングで、「でこピン」パワーをその人なりに安定してベストに発揮できるかどうか、という点が重要だったのです。確かに「でこピン」パワー自体は目に見えないものであり、「脱力」した環境下で、理想的な先行動作により、目的の筋が「L2」状態にまで十分に伸展され、その直後に引っ張られたゴムが元に縮むかのように働いて生まれるものです。

　本人の強い意識がなくとも自然に働いてくれるものであり、しかもオートマチックといった言葉で表現されるように、正確で安定しており、手応えもよく気持ちよいスイングにも通じてくれるとみてよいでしょう。ただし、「脱力」という環境はヒトの五感でも感じ取れませんし、最新の解析機器によっても測れない代物です。意識や気持ち次第で容易に崩されやすく、力の入れどころ・抜きどころを誤ると全く発揮できなくなります。しかも誰であっても具体的な言葉によって表現できませんでしたので、これまでスポーツ現場では存在自体も明確にされ

てこなかったというわけです。

　この第4章ではゴルフにおけるフルスイング時の「でこピン」パワーについて論じていきます。

　ゴルフではショットごとに場面が変わり、足場も景色も、そして雨・風などの環境条件も大きく影響してしまいます。その都度異なる道具で、異なる球質のボールを打ち出すことが要求され、さらに飛距離・方向性も正確さが求められます。しかも野球のファールのようにやり直しが利きません。

　したがってゴルフでは、安定して正確に再現することがもっとも重要な課題となり、初心者だけではなく、中級者以上でも「スイング軸・前傾を崩すな」「頭を動かすな・残せ」「壁をつくれ」「スウェーするな」など、スイングの安定性に比重を置いた指導が主体に行われることになります。ここでも、あくまでこういった「正確性」「再現性」が最優先された上で、力強さを求める流れであることもご了承ください。

1）「でこピン」パワーの存在を知り、大きな可能性を信じることが重要

　ここからは、ドライバーショットを念頭にフルスイングを紹介していきます。スタンス幅やボールの位置、クラブの長さ、そしてテークバックの大きさも変わってしまうため、皆さんの中には異論があるかもしれませんが、私はアイアンでもフルスイング時の「でこピン」パワーのイメージはすべて同じとみて

話を進めていきますのでご了承ください。

　ドライバーショットのような大きなクラブによる大きなスイングは、全身運動でもあり、多くの部位や他の因子がさらに複雑に絡み合って、インパクトで「でこピン」パワーを安定して正確に発揮させることは一層難しくなります。そのため、レッスン現場では、ドライバーのような大きなクラブであっても、ハーフあるいはゆっくりスイングから、段階的に上達を目指した練習が勧められているのでしょう。

　小さいゆっくりとした動きのほうが、クラブヘッドの重さとともに働く「遠心力」を先行動作とした手やクラブヘッドの「引っ張られ感」を感じ取りやすくなります。これらによる「置いてけぼり」状態を確認しながら、テニスのフォアハンドストロークと全く同じ感覚で、「でこピン」パワーを発揮しやすくなるとみてよいでしょう。

　いわゆるビジネスゾーンを重要視する立場も、こういったダウンスイング後半からインパクト付近までのリストに「でこピン」パワーを安定して働かせるための、好ましい一連の流れを重要視したものであり、私は「でこピン」パワーをもっとも重要なインパクトのタイミングで発揮させる使い方を効率よく学ぶ目的で、経験的に導かれたものだったとみています。

　スイング中、クラブを引っ張り続けろ、という指導もあります。これらもクラブヘッドの動きや重さ、そして「遠心力」を飛球線と反対方向に働かせることで得られる感覚とみてよいでしょう。

「インパクトで手を止めろ」といった指導もありました。これもダウンスイング途中で遠心力が働くことでリストが後方へ引っ張られるのですが、リストがこの「引っ張られ感」にしたがうことで「置いてけぼり」状態に導かれることを表現しているものとみてよいでしょう。積極的に止めるのではなく、クラブヘッドの重さを感じ取りながら、逆らわず「遠心力」に任せておくことで、降りていくリストに「遠心力」によるブレーキがかかる感覚を表現したものであり、リストが止まったと感じる分だけ、右リストが背屈、左リストが掌屈していたというわけです。

　つまり、リストの右「手根屈筋」、左「手根伸筋」が「遠心力」の大きさの分だけ伸展され、十分な「L2」状態に導かれ、その後に理想的な「でこピン」パワーがハンドファーストのまま、しっかりインパクトのタイミングで発揮されていくことになります。

　より力強い「でこピン」パワーが効率よくインパクトで働き、結果、インパクトでボールにエネルギーを分け与えても、衝撃にひるまずにクラブヘッドはその後も加速されていきます。インパクト以降は、「遠心力」も飛球線方向に働きますので、その後のフォロースイングでもクラブヘッドが走り、リストを追い越し、自然に腕もローテーションして、クラブが勝手に身体に巻き付くようなフィニッシュとなっていきます。

2）テークバック

　一般にはテークバックからのスイングづくりが指導されています。もちろんテークバックの形やクラブの軌道、トップの形も極めて重要です。しかし、本書でこだわってきたようにスイング動作でもっとも大切なことはインパクトでその人なりの理想的な「でこピン」パワーをリストに効率よく発揮させてクラブに伝えることです。

　プロ・上級者に共通点の多いテークバックやトップ、加えて切り返しのタイミングなども、その後のインパクトで理想的な「でこピン」パワーを発揮しやすくするためのものです。ですから真似られるに越したことはないのですが、もっとも重要な点はあくまでインパクトのタイミングで「でこピン」パワーをリストに発揮させることであり、たとえ変則的なテークバックやトップの形であっても、インパクトではしっかりとその人なりの「でこピン」パワーがタイミングよくリストで発揮されていればよいことになります。

　皆さんも、自分なりの理想的なテークバックやトップを追求されておられるとは思います。確かにテークバックやトップの形も極めて重要です。しかし、最終目標はいかにインパクトのタイミングで自分なりの「でこピン」パワーをリストで発揮できるかどうか、にこだわるべきであり、自身の体格・筋力・柔軟性に合わせて理想的なテークバックやトップを各自それぞれが追い求めることになります。

私は、リストにおける「でこピン」パワーを最優先に紹介する立場であり、ここではこの先もテークバックの軌道やトップの形については今はまだこだわらないことをご了承ください。

▌3）ショートスイングで「でこピン」パワーを習得しよう

　引き続き話を進めましょう。
「でこピン」パワーなるものは、「脱力」された環境下で理想的な先行動作によって、ようやく得られるものです。習得への道も容易ではなく、大きなスイングでがむしゃらに力任せに振り回し続けている限りは、ごく一部の方々を除いて、たどりつけないのも仕方がなかったのです。私はまずはショートスイングで「でこピン」パワーの習得に努めることが上達に通じる一番の近道であるとみています。

　上級者で片手スイングが基礎練習として勧められていることも多いのですが、勧められる理由として、左右それぞれの理想的な使い方を学びやすいことに加え、両手であればお互いが中途半端な使い方となってもごまかしが利いて、足らないマイナス面を容易に補えて、無理矢理つじつまを合わせてスイングできてしまうからでしょう。下半身・体幹もしっかり先行して使う必要があり、同時にリストを柔らかく、かつ下半身を含めた無駄な動きのない理想的な先行動作を習得しやすいとみています。「でこピン」パワー習得の立場からも片手スイングが基礎練習として特に有効であるとみてよいでしょう。ただし、中級

以下のレベルでは、難しすぎて意味のない練習になってしまうことになりかねません。

　ショートアイアンでティーアップしたボールを、ダウンブローに打ち込む練習を勧める指導者も多いと見受けられます。これもすくうような打ち方を戒めて、ボールだけをグリーンに打つことで、リストを返さず、結果、右リストの「手根屈筋」、左リストの「手根伸筋」に「でこピン」パワーを発揮させる目的だったとみてよいでしょう。

　がむしゃらに振り回して、理想的な「でこピン」パワーを習得できる人はごくわずかです。ビジネスゾーンやハーフスイングなどの基礎練習を上級者ほど勧める向きが多いのも、ゆっくりとした小さな動きであるほど単に軌道だけではなく「でこピン」パワーを実感・確認しやすく、インパクト周辺のその人なりの理想的な力の抜きどころ・入れどころなどを修正しやすく、そのまま大きなスイングでも生かせるためだったとみてよいでしょう。

　また「受動性伸張による張力」である「でこピン」パワーは、ゴムが戻ろうとする性質とほぼ共通しており、力強さはもちろん「オートマチック」という言葉でも表現してきましたが、スイングの安定性・正確性も発揮できることもお話ししてきました。「でこピン」パワーの存在を知った皆さんには、その大きな可能性を信じていただければ、と思います。

　ここから先は「下半身・体幹」、そしていわゆる「ため」、そして「シャロースイング」についても「でこピン」パワーとの

関連性について私なりに紹介していきましょう。

4) 先行動作としての「下半身・体幹」の重要性

多くのスポーツ動作ではほぼ全身運動であり、すでにテニスや野球で紹介してきたように、ゴルフでも下半身・体幹の関わりが非常に重要で、多くの指導者が「下半身・身体・腰で打て」「下半身リード」なるものを勧めています。

上半身に比較して力強さという点では、よりたくましい下半身・体幹の持てる力強さをスイングに生かすことが重要にはなりますが、そうはいっても下半身や体幹が、直接クラブを振るわけではないですし、腕・リストを介して道具に力強さを伝えるしかありません。

普通に考えて、リストや小手先が決してぐらつかないよう、たとえば相撲のツッパリや鉄の扉を押すようにしっかり固めてしまえば、そのまま下半身・体幹の力強さを伝えることは容易です。したがって体力・筋力に満ち溢れたプレーヤーなら、リストをがっちり固めても、下半身・体幹に由来する力強さだけで、リストの「でこピン」パワーに頼らずとも、パワフルさを発揮できるのかもしれません。

しかし、われわれ一般人の体格・体力で、リストをがっちり固めてしまうことは、そのまま無駄に力むだけでしょうし、しかも本書のメインテーマである「脱力」とは全く逆の前提となってしまいます。

一方、リストが脱力した状態なら、下半身や体幹に由来する力がそのままでは伝わらないものの、「でこピン」パワーを発揮させることで道具に力強さを伝えることができます。

　切り返し以降のダウンスイングで、まずは土台である下半身や体幹を先行させることで、テニスと同様にゴルフスイングでも「脱力」したリストをクラブヘッドごと「置いてけぼり」状態に導くことです。「グリップエンドをボールに向けろ」といった指導も「遠心力」が働くことによって生まれる「置いてけぼり」状態を表現したものだったのでしょう。

　ダウンスイングで下半身を踏み込み、いわゆる床反力、地面反力も働いて、下半身・骨盤が力強くしっかり先行しターンしていきます。よく言われる「重心移動」「左下半身リード」「腰と肩、下半身と上半身の捻転差」「腰を切れ」、といったものも、下半身・体幹が回転しつつ、先行して移動することで、胸もやや左へ向くように開いていき、腕・リストやクラブをより「置いてけぼり」状態とさせ、ヘッドの重みも加わって、リストがさらに遅れ気味となり、自然に右リストを背屈、そして左リストを掌屈させて十分な「L2」状態としインパクトのタイミングで理想的な「でこピン」パワーを働かせようとしていたのです。

　スイング軌道もいわゆる右回転、時計回りの軌道となることで、腕を力強く振ろうと意識せずとも、リスト、そしてヘッドが遅れてくることで、最終的に十分な「受動性伸張による収縮」による理想的な「でこピン」パワーを導け、その後にインパクトのタイミングで発揮させていたのです。

また胸の開きですが、「でこピン」パワーを使いこなすには、手やクラブを十分な「置いてけぼり」状態に導く必要があり、そのためにはあくまでスイング軸の安定性・正確性を崩さない範囲で、先行動作としての下半身、続いて体幹、そして胸の回旋も必要となります。もちろん身体や胸の過度の開きすぎも「でこピン」パワーが発揮できないスイングとなるでしょう。

脇にヘッドカバーを挟んでスイングさせる指導も、手先の動きよりも、ダウンスイングでは下半身・体幹に続いて、腕の根元であるまず肩甲骨ごと先行させることを指導していたものだとみてよいでしょう。肩甲骨については第3部で詳しく紹介します。

他に「ボディターン・身体で打て」「打ち急ぐな」「手・腕で打ちにいくな」「当てようとするな」「腕を前に出すな」「腕を自然落下させろ」「手を遅らせて打て」「身体・胸と手を一体化させろ」などなど、手の積極的な動きを戒めて下半身主体の使い方を勧める指導者たちのこういった表現も、すべては腕や手を、まずはダウンスイング途中での、その人なりの理想的な「置いてけぼり」状態に導くための表現だったと見つめ直してよいでしょう。

体幹も含めた下半身の力強い先行動作が理想的であるほどに、胸も見た目に左へある程度は向くことになり、リストさらにクラブヘッドは十分な「置いてけぼり」状態となり、その後に右リストの「手根屈筋」、左リストの「手根伸筋」の両者の

筋群に力強い「でこピン」パワーを導き出し、インパクトのタイミングで発揮させることになります。

　もちろん、背骨も安定して軸として保たれ、身体が突っ込んだり開きすぎたりせず、それぞれが体力・筋力・柔軟性に応じてクラブが振り遅れない程度に理想的な使い方を求めていくことです。安定した上級者ほど、こういった使い方を自分なりにマスターしていることで、ダウンスイング時の軌道を安定させて、「でこピン」パワーを正確に発揮させているのでしょう。

　このとき、お臍の下あたり（東洋医学では「丹田」という）をしっかり凹ませるように腹筋全体に力を込めることで、骨盤と体幹を一体化させることが有効となります。この状況下で下半身・体幹がしっかり十分にターンすることで、一括して速やかにターンし、その人なりの理想的な先行動作となって、腕以下を「置いてけぼり」状態へと導いてくれます。

　誰であっても短時間のスイングの間にこだわれることは、1つか2つ程度です。上級者たちがわれわれに強調してくれるポイントとなる表現も、見かけの動きに関するものが主で、しかも断片的なものです。前提となる「脱力」した環境、そして理想的な「先行動作」、その後の切り返しからのリストにおける「受動性伸張による張力」によって生じる「でこピン」パワーといった一連の流れまでは明確に認識・理解できていたわけでもありません。

「脱力」なる環境も明確に感じ取れるものでもありませんので、一般人のわれわれでは、そのまま上級者たちの断片的な指

導を真似てみても、肝腎の「でこピン」パワーの中身まで真似しきれていない限りは、容易に上達・向上に結び付けることができないのも止むを得なかったというわけです。

5）いわゆる「ため」と「でこピン」パワー

「ため」とは図2-9のようにダウンスイングの途中における腕とシャフトがなす角度の関係です。この時点ではリストは両手ともに親指側に曲げられて位置しています。一般に上級者ほどこの角度はより深い傾向にあり、深い状態であるほど、その後のインパクトが力強くなるとされ、教える側も教えられる側も

図2-9 「ため」のイメージ

この深い角度をつくろうと努めることになります。

　リストの動きは、次頁の図2-10に示しますが、ここまでは①リストの掌背屈（手のひら側⇔甲側へ）に限ってお話ししてきましたが、実際には②「親指⇔小指」方向、さらに腕の動きも加わって③手のひらを上・下に回して返す、といった動きもあります。

　このうち②の動きである「親指⇔小指」方向が「ため」の動きとなり、ダウンスイング前半で「小指→親指」によって「ため」がつくられ、ダウンスイング後半で「親指→小指」によって「ため」は開放されることになります。

　上級者では理想的なダウンスイングによって、「ため」が自然につくられていきますが、彼らのリストは前もって十分に「脱力」されています。ダウンスイング開始時に手の動き主導で行われていないことで、トップの位置あたりではクラブの重みによってシャフトもしなりながら、ダウンスイング前半で脱力したリストが小指側から親指側へ傾いていき、自然にいわゆる「ため」がつくられていきます。

　ここでは「ため」の形がなぜ力強さに通じてくれるのか、私なりにそのメカニズムについて説明を加えてみましょう。

6）「ため」が力強さを生む理由

　ダウンスイング途中までにつくられた「ため」の位置から、

図2-10 リスト・手の動き

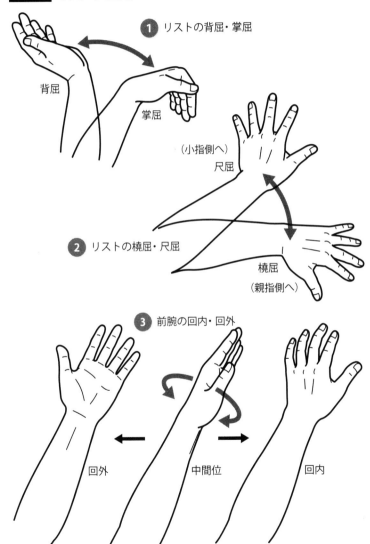

① リストの背屈・掌屈

背屈

掌屈

② リストの橈屈・尺屈

（小指側へ）
尺屈

橈屈
（親指側へ）

③ 前腕の回内・回外

回外　　　　中間位　　　　回内

ダウンスイング後半でリストが逆に母指→小指方向に開放されていきます（P110、111／図2‐11）。クラブヘッドが飛球線と逆方向に振り下ろされていくことで、クラブヘッドには遠心力も飛球線と逆方向に生じます。「ため」が勢いよく一気に開放され、クラブが振り下ろされるほどに、クラブヘッドにかかる重力や勢い、そして「遠心力」のいずれもが「でこピン」パワーの先行動作としてより強く働くことになります。

　バンカーやアプローチショットでも紹介してきた「遠心力」ですが、「ため」が開放されることでリストが勢いよく開放され、クラブヘッドにかかる重力や勢いとともに「遠心力」もしっかり働いて、「脱力」していた右リストは飛球線後方へ強く引っ張られることになり、右リストはより背屈、左リストをより掌屈に導いてくれます。そして右リストは背屈した状態から、インパクトが近づくにつれ、飛球線とは真逆に働いていた「遠心力」が次第に下方へ向かうことで右リストの背屈は少しずつ減じていきますが、リストを返そうとしない限り、なお背屈したまま、さらに「でこピン」パワーを蓄えながら、インパクトを迎えることになります。

　つまり、「ため」が勢いよく開放されるに伴い、右リストにおいては「手根屈筋」、左リストにおいては「手根伸筋」のいずれもが、ダウンスイング時に生ずる「遠心力」によって自然に伸展され、さらに十分な「L2」状態へと導かれていくとみてよいでしょう。この後の流れはショートスイングと全く同じです。

　上級者ほど「ため」があり、「ため」を勢いよく開放するほ

どしっかりクラブヘッドの勢いと「遠心力」の両者が働くことで、リストは飛球線方向の動きに制限がかかり、十分な「L2」状態に導かれます。そして、インパクト直前にはしなったシャフトも戻ろうとすることで、いわゆるシャフトの逆しなり状態（P112／図2-12）も生まれることになります。

「力強さ」を代弁しているといってもよい「ため」という現象もリストでの「でこピン」パワーを最大に発揮させるための「先行動作」の1つとして重要だったというわけです。「ため」の形がダウンスイングの途中で自然に得られること自体は好ましいのですが、「ため」の目的もここまで繰り返し述べてきたように、「脱力」したリストにインパクトのタイミングでその人なりの最大の「でこピン」パワーを発揮させることです。「ため」の可否や形・大きさも二の次だったとみてよいでしょう。

逆に見た目に「ため」の形をしっかりつくろうと、ダウンスイングで無駄に力を込めてしまえば、前提条件であるリストの「脱力」が保たれず、「置いてけぼり」状態に導けないまま、シャフトのしなりも生かせず、最終的には「でこピン」パワーが期待できなくなってしまいます。リストの柔軟性も含めて、「ため」の形に個人差があり、単に「ため」に深さだけを求めるべきではなかったのです。

また、コックリリースが早すぎて、ダウンスイングの途中で早々とほどけてしまうと、一般にキャスティングといわれるものですが、いわゆる「ため」のないスイングとなります。この場合は、ダウンスイング前半で右「手根屈筋」、左「手根伸筋」

図2-11 ダウンスイングからの「ため」の開放

←‑‑‑ 「ため」の開放によってクラブヘッドに生じる遠心力

◀━━━ クラブヘッドの動きの方向

図2-12 上級者にみられる「逆しなり」

に早々と「求心性収縮」をさせて短縮してしまい、力強さを発揮できない状態でインパクトを迎えてしまうことになります。

　もちろん「引っ張られ感」を感じ取れず、「置いてけぼり」状態もつくれなければ、たとえいくらこれらを強く意識したところで決して力強い「でこピン」パワーが発揮されることも決してありません。

　いかがでしたか。いわゆる「ため」の目的ですが、開放することで、クラブヘッドが飛球線方向と逆方向と振り下ろされ、勢いがあるほど、クラブヘッドの勢いと「遠心力」が高まり、高まった分だけ右リストをより十分な背屈へと導けることにな

ります。つまりインパクトで理想的な、そしてフルショットであれば最大級の「でこピン」パワーを引き出すための先行動作として働いていたというわけです。

その際、壁を押す際のリストと同じように、インパクトでもリストを返そうとせず、反った状態のままで使い続けることで、力強く「でこピン」パワーを発揮させつつ、インパクトを迎えてクラブヘッドがボールを運ぶかのようにボールを打ち払ってくれます。リストを返さない分だけ、右手のひらが下を向いている感覚もあり、プレーヤーによってはボールを「押し出せ」「押しつぶせ」といったような表現に通じていくことになります。

また、フォロースイングでP107の図2-10の③にある、手のひらを回すように返していくフェースローテーションの動きですが、この動きは上級者でインパクト以降にきれいに観察できます。この動きについても多くの上級者では力を込めてダウンスイング途中から自力で返そうと努めているのではありません。

インパクトに近づくにつれ「遠心力」の働く方向性が変化していきますが、「でこピン」パワーを蓄えつつインパクトでも「でこピン」パワーがしっかり働きつつ、クラブヘッドのフェース面が自然にボールに正対していきます。フォロースイングでは「遠心力」も飛球線方向に働き、クラブヘッドがさらに加速されて、リストを追い越していく勢いがあるほどに、フェースが自然に返っていくことになります。

つまり「でこピン」パワーが存分に発揮されていれば、自然に生じるものだったのです。われわれ一般アマチュアレベルでは真似ようと腕の動きだけでフェースローテーションを意図しても、その時点で無駄に手打ちの要素が加わり、理想的な「でこピン」パワーを妨げてしまうことになります。上級者たちのフェースローテーションの動きも積極的に返そうとした結果ではなく、「でこピン」パワーが存分に働かされた結果の産物だとみてよいでしょう。もちろん返す意識が必要と感じる方もおられるでしょう。

▌7）シャロースイングと「でこピン」パワー

　ゴルフ用語としての意味は、インパクト付近でのスイング軌道が「浅い」状態を表現しており、現在では多くの上級者・指導者がこだわっているものと見受けられます。ボールに対して、クラブヘッドがインサイドから低めの軌道をとってインパクトを迎えており、低い軌道が長くとれて、長く時間をかけて加速でき、ヘッドスピードが高まり、ロフトも立って当たることで打ち出されるボールの打ち出し角や初速、そしてスピン量などに影響するとされており、今現在での時点で、より理想的で好ましいスイング軌道と説明されています。

　しかし私は、シャロースイングも「ため」と同様以上に、まずは「でこピン」パワーを高めるためのものとみてよいと考えています。トップからダウンスイングで、クラブヘッドがよりインサイドに振り下ろされることで、右リストがより背屈、左

リストはより掌屈位をとり、右「手根屈筋」と左「手根伸筋」を十分な「L2」状態に導きやすくなります。ダウンスイングで時計回りの腕の動きを勧めるのも同じ目的だったとみてよいでしょう。

　ダウンスイングからインパクトに向けてリストを返そうとしないことで、これら筋群がより伸展され、「受動性伸張による張力」がより大きくなって、ハンドファーストのまま、さらに力強い理想的な「でこピン」パワーを発揮しつつ、ダウンブローでクラブのロフトも立ったまま、インパクト以降を迎えることができ、しかもインパクトゾーンも低く長くなってくれるというわけです。

　トップの位置で、左リストを掌屈させる動きや、「手をできるだけ遠くへ上げて下ろせ」といった指導もリストをさらに「置いてけぼり」状態へと導けて、プレーヤーなりに、「でこピン」パワーを最大限に究極に発揮させることができ、やはり「でこピン」パワーを高めるためのものとみてよいでしょう。

　またシャロースイングは下半身や体幹の柔軟性に余裕がある若者向きであって、中高年ではこういったスイングは次第に実践しづらくなるのも止むを得ないものと私はみています。

　繰り返しますが、スイング動作ではインパクトのタイミングでリストに「でこピン」パワーをその人なりに理想的に発揮させられるかどうかがもっとも問われるべきであって、単に見た

目のクラブの軌道や形にこだわるだけでは、上手くいかないのも仕方がないのです。

8）ミート率と「でこピン」パワー

ドライバーショットの飛距離については、インパクト時のヘッドスピードがもっとも重要ですが、加えて評価されているのが、皆さんもご存じのミート率でしょう。ヘッドスピードに対して打ち出されるボールの初速を計算したものですが、一般にベストは1.5とされ、同じヘッドスピードであってもミート率が高いほどボールの初速が大きく、より遠くへ飛ばせることになります。同じヘッドスピードでも、ミート率が高いほど、打ち出されるボールの初速が高くなり、飛距離も大きくなるというものです。

ここまでこだわってきた「でこピン」パワーですが、インパクトでリストに十分な「受動性伸張による張力」による「でこピン」パワーを理想的に働かせることができれば、クラブヘッドを加速しつつ、いわゆる分厚いインパクトを迎えて、かつインパクト時の衝撃による失速がより少なくてすみます。クラブヘッドとボールとの接触時間がわずかであっても長くなって、ボールにエネルギーをより多く与えることが可能となり、ミート率つまりボールの初速向上が期待できますし、多少は芯を外しても、加速されている分、フェース面が狂いにくく、方向性の正確さにも通じてくれるということにもなるはずです。

9）ハンドファーストと「でこピン」パワー

　ここまでに、すでに何度か登場してきたハンドファーストです。特にアイアンでは、インパクト時の手の位置ですが、クラブヘッドよりも、手が先行していることが勧められています。インパクトまでに手を返さないことで、この形が得られますし、インパクト後のフォロースイングで、クラブヘッドがリストを追い越していくのも観察されます。利点として、返さない分だけダウンブローとなってインパクトではロフトは立っており、その分だけ強いボールとなって飛距離も期待できることも皆さんはご存じでしょう。

　今だからわかるのですが、以前の私は大きな勘違いをしていました。もともとスイング動作というものは、インパクトでは力を込めてリストをしっかり返しながら打つことで力強さが生まれ、バットやクラブに最大の力強さが伝わり、ボールを遠くへ飛ばせるものだと、それまでの私はそう信じていたのです。おそらく、中級以下の方々には、私と同様の思いをされている方が多くおられるものと思います。

　ですから、私はトップから勢いよくクラブを振り下ろし、リストを返しながらクラブヘッドを正確にボールめがけて、当てよう・強く打ちこもうと努めてしまっていたのです。ハンドファーストでスイングしている上級者では、インパクト以降、積極的にリストを返しているものと思っていたのです。

「でこピン」パワーに着目するようになって明確に断言できるようになったのですが、上級者ほど、達人になるほど、リストを決して返して打とうとしてはいません。繰り返し述べてきたことですが、下半身・体幹が先行し、リストを脱力させておき、手とクラブを「置いてけぼり」状態へと導くことで、右リストで「手根屈筋」、左リストで「手根伸筋」を十分に伸張させ、「受動性伸張による張力」である「でこピン」パワーをインパクトのタイミングで発揮させることで、自然にハンドファーストになってくれます。逆にハンドファーストだからこそ「でこピン」パワーが発揮できるといってもよいでしょう。

　もし、ダウンスイングで、積極的にリストを返して振り下ろそうとすれば、右「手根屈筋」、左「手根伸筋」ともに求心性収縮させることになり、発揮できる筋力がかなり低下し、見た目にもリストを使ったすくい打ちとなって、ほとんどがプレーヤーの期待に応えられない結果となってしまいます。

　多くの指導では、トップでつくられたリストの形を変えずにダウンスイングを行うことが勧められています。下半身・体幹の動きを先行させ、手やクラブを「置いてけぼり」状態とし、インパクトまで「引っ張られ感」を感じ取ることが重要で、何度も述べてきたように一連の流れで「でこピン」パワーを活用することだったのです。

　結果は「でこピン」パワーに裏付けられインパクトでもボールとの衝撃に失速せず、フォロースイングでも加速され、さらに飛球線方向に「遠心力」も加わって本人が意図せずともリス

トが勝手に返り、身体に巻きついてくれるような力強いスイングとなってくれます。是非、「でこピン」パワーの存在を知り、その可能性を信じて皆さんも試みていただきたいと思います。

第5章　「でこピン」パワーが身体を守る！

　次に、もっと目線を広げて「でこピン」パワーをみていきましょう。

　球技以外での、リストにおける「でこピン」パワーの例として、すでに鉄の重い扉を押す場合や腕立て伏せを挙げてきました。実は腕・リストだけではなく、脚・足首についても全く同じことが言えます。すでにジャンプ時にも「でこピン」パワーを働かせていたことは紹介してきました。
　話は大きくなりますが、一般の四つ足哺乳動物では、「カモシカのような細くても引き締まった脚」といったたとえにあるように脚では太腿部分よりも足首のほうがはるかに細いつくりになっています。しかし人工物であるロボットならそんな造りにはできません。土台である足元ほど、頑丈さ・安定性を求めて必ず、太く大きくなってしまいます。

119

四つ足に限らず、ヒトでも腓腸（ふくらはぎ）の筋やアキレス腱は、太腿部よりかなり細いつくりとなっているにもかかわらず、身体の重さを当然のように支えています。大きく踏み込んだりした場合だけではなく、歩くたび、走るたび、ジャンプしたり、もちろん立っているだけも、本人の意識に影響なく、常にどんな姿勢でも身体の重さを安定して容易に支持できています。

　こういったことも、腓腸やアキレス腱にたとえ細くても、今回紹介してきた「でこピン」パワーによって太腿の筋に匹敵するほどの筋力を常時簡単に引き出し、身体の重さ以上の負荷を、余裕をもって安定して支持できるだけの筋力を常に「でこピン」パワーとして発揮させているから、ということになります。

　そもそもこういった「受動性伸張による張力」、そして「でこピン」パワーなるメカニズムが存在している理由を紹介しておきましょう。もし大きな外力にさらされ、それぞれの関節がもともと担っている動きを大きく超えてしまうことになれば、関節の脱臼・骨折や周辺の筋腱が傷ついてしまいます。その場合、その危ない状態を速やかに回避させる必要があり、外力に抵抗して関節を安全な範囲にとどめておくためのものであり、防御機能としての反射といえます。

　したがって、身体中の至るところで、こういったメカニズムは常に働いており、ヒトに限らず、哺乳動物では「でこピン」パワーを、常に安定して働かせることで、滑らかで効率よい動作がさまざまに行われているとみてよいでしょう。「でこピン」

パワーなるものは、哺乳動物、おそらく爬虫類なども同様に備わった、筋における極めて基本的な機能であることも、しっかり理解していただけますでしょうか？

　スポーツ現場でもヒトの身体各部に備わったこういった基本的な仕組み・使い方を知り、活用することは、種目にかかわらず、プレーヤーにとってきっとプラスになるでしょうし、指導者の立場であれば、自身の経験に加え、これまでの多くの先人たちの表現してきた格言・教えに隠された真の意味を知り、自身をさらに深めて、指導の厚みを増してくれるはずです。
　繰り返しますが、身体を構成するいずれの筋も「脱力」されているほど、その長さを十分に伸ばすことが可能となり、その直後にタイミングよく収縮させることでより力強さを増して働いてくれるのです。これは身体のつくり、そして本来の筋の性状・機能に基づいたもっとも基本的な立場からの大原則であると私は確信しています。
　上級者・達人になるほど脱力下に、筋を伸ばすことで生まれる「でこピン」パワーをその人なりの理想的なタイミングで最大に発揮しており、どんな種目であっても、スイング・投球動作だけではなくもちろん武術などにおいても身体各部の筋、そして最終的にリストの手根屈筋にできるだけ強く・長く、しかも身体に優しく発揮・反映させてプレー・実践していたとみてよいでしょう。武術関係については第4部で紹介していきましょう。

われわれ一般人では、めいっぱいに力を込めて使ったつもりでも、思ったような結果が出せないことのほうが多いのですが、これらの場合は、筋の持つ「でこピン」パワーを十分に生かせておらず、筋の長さが短縮していく、求心性収縮だけで行い、理想的な「でこピン」パワーを活用できることなく、非力な状況でインパクトを迎えていたためだとみてよいでしょう。

　もちろん、第4章の最初に申し上げたように、ゴルフではスイング軸といった安定性・正確性に関する事項を守ることが大前提であり、体格・体力・柔軟性といった個々の可能な範囲にとどめて行うべきものです。極端に「でこピン」パワーを追求するあまり、これらの前提がなおざりにならぬ程度にとどめておくべきで、見た目のフォームや力強さに違いが生じてしまうのは仕方がなく、単に外見からの動作解析だけでは、万人に共通する答えを出せなかったのも当然だったというわけです。

第 2 部 の ま と め

「脱力」が「力強さ」を生む理由について、指の「でこピン」現象に基づき、私が導いてきたスイング動作を中心に述べてきた答えはいかがでしたか。軽く振ったほうがよく飛ぶといった不可解な現象がなぜ成り立つのか、皆さん、納得していただけましたでしょうか。達人になるほど、実はリストだけではなく、脚の脹脛・アキレス腱他でも、いわゆる床反力も活用して、全身に、しかも身体に優しく「でこピン」パワーを働かせて、プレーしていたというわ

けです。

　繰り返し述べてきたことですが、スイング動作でもっと
も重要なポイントとは、テニスでもゴルフ・野球でもここ
まで紹介してきたように、ラケットやクラブ・バットに
もっとも近い関節であるリストが重要で、インパクトのタ
イミングでその人なりに理想的な「でこピン」パワーを発
揮させて道具に伝えることです。

　最短に学ぶためには、「でこピン」パワーの習得を目的
に、まず手先・リストを脱力させ、小さなスイングでシャ
フトがダウンスイングの水平付近以降からクラブヘッドに
働く重力や遠心力による「引っ張られ感」、そして「置い
てけぼり」状態を感じ取ることが重要だったと私はみてい
ます。

　上級者の軽く振ってもよく飛ぶ素晴らしいスイングも、
ここまでに紹介してきた筋組織の持つ基本的な生理的現象
を上手く組み合わせ、タイミングよく「でこピン」パワー
を最大に引き出してプレーした結果です。メカニズム自体
も筋の性状・機能を詳しく追求していくことで理解できる
ものであり、さほど不可思議な現象でもなかったのです。

　実際の現場では、上級者を真似ることから始まります。
まずは、身体やクラブの動きを真似る前に、初心者ほど、
上級者や指導者たちのグリップやアドレスなど、静的な部
分をできるだけ正確に真似ておくことも基本事項となりま

す。その上で「でこピン」パワーの存在を知り、その大きな可能性を信じ、まず手先・リストを脱力した環境下とし、ハーフスイングである、シャフトが水平付近以降からクラブヘッドに働く重力・遠心力を活用して、テニスのフォアハンドと同様の「引っ張られ感」「置いてけぼり」状態を、手先に感じ取ることから、学んでいただくことになるでしょう。

　約30年以上にわたり、無駄に遠回りしてきた私ですので、さほど説得力はないかもしれませんが、これがもっとも身体のつくりからみて身体に優しく、上級者に通じる最短の近道だったと、断言しておきましょう。

　さて、これまでも、高地トレーニングにおける循環・呼吸機能、そして理想的な栄養やサプリ、効率の高い筋トレ方法などなど、さまざまな分野で、医学的な立場からパフォーマンスを高めるアプローチも相当以前から行われています。今回、私が紹介してきた「でこピン」パワー、つまり筋の「受動性伸張による張力」についても、実は半世紀以上も前に報告されているものであり、生理学の教科書の最初の数ページに書いてある程度の極めて基礎的な事項で、医療・体育関係者なら誰もが学んだことのあるものでした。
　医科学のこれほど進んだ21世紀の現在に至るまで、なぜ、指の「でこピン」といった極めて容易でわかりやす

い、誰にでも再現できる現象が重要視されず、達人に通じるスポーツ動作の解析や解明に活用されてこなかったのでしょう？　また身体のつくりからみて理にかなった、あるいは身体に優しい使い方といったものが、なぜ追究されることがなかったのでしょうか？　私は整形外科の立ち位置が大きく影響していたためと考えています。

　次の第3部では、そういった整形外科の立ち位置と、私がこれまで約30年にわたり、独自に追究してきた「肩甲骨および周辺筋」、そして今回のテーマである「でこピン」パワーによる一連のスポーツの上手さ・強さとの関連性について、肩甲骨を軸に紹介していきましょう。この先は、さすがに一般の方々はもちろん、医療関係者であっても馴染みのない、ヒトの身体の構造や医学の立場にかなり踏み込んだ話になります。面倒、小難しいと感じられる方はもちろん飛ばしていただいて構いません。引き続き話を進めましょう。

第 **3** 部

肩甲骨が、さらなる、「でこピン」パワーを生む!

第1部で「脱力」が「力強さ」を生むメカニズムについて、筋の持つ「受動性伸張による張力」なる機能を「でこピン」パワーと命名して紹介し、第2部ではリストに着目して、各種スポーツにおける「でこピン」パワーを私なりに説明してきました。

「でこピン」パワーをしっかり発揮するためには、事前に「脱力」した環境が必要です。さらに先行動作として下半身、体幹の動きが重要で、加えて「ため」という現象や、ゴルフスイングにおいては最近よくいわれるシャロースイングといった動きも同様に、クラブヘッドに働く勢いと「遠心力」を活用しながら、リストでの「でこピン」パワーを高める目的の先行動作であったことも紹介してきました。

　ただ、前提である「脱力」なる環境は、それ自体はつかみどころがありません。無用の意識・感情、別な気持ちにより、容易に崩れてしまう程度の非常に頼りないものであり、いわゆるメンタル面が大きく影響してしまうのは止むを得なかったのです。ですから、「脱力」の必要性や一連の流れをしっかり理解し確信できたとしても、スポーツ現場で「でこピン」パワーを確実に安定して発揮させることは容易ではありません。

　習得するための安直な方法はなく、やはり地道な努力によっていわゆる身体で覚える必要があります。しかし、ただひたすらガムシャラに道具を振り回して練習するのではなく、「脱力」からの一連のメカニズムを頭で納得・理解するとともに、これまで語られてきた多くの達人や指導者たちの勧める格言の持つ真の意味を悟ろうと努めることで、横道に逸れることなく、こ

れまで繰り返してきた無駄な堂々巡りを脱出して、必ずや上達の方向性も定まり、上級者への近道に通じてくれるものと私はみています。

　さらに、ヒトの身体にはこういった難しさを助長して複雑化させてしまう、別のやっかいな大きな問題点があり、私は「肩甲骨および周辺筋」が大きく影響していたとみています。この部位は極めて大きな可動域と機能を持ち、ここまで述べてきた「でこピン」パワーと大きな関連性を持っているにもかかわらず、いくつかの理由があり、ごく最近になるまでさほど重要視されてはいませんでした。

　一般的には、肩甲骨は体幹・胴体の構成体と扱われがちで、背中にあって誰にとってもその動きを認識しづらい部位なのですが、決して固定された動かないものではありません。身体のつくりからみれば、鎖骨をコンパス役として体幹とつながり、本来は腕の土台として非常に大きな可動域を持ち、しかも厚みもある幅広い複数の筋群によって支えられ動かされています。実は肩甲骨を上手く使いこなすことで、下半身と同等以上に、リストでの「でこピン」パワーを増幅させることが可能になると私はみています。

　この第3部では、「肩甲骨および周辺筋」に着目し、リストにおける「でこピン」パワーとの関わりについて紹介していきましょう。

第3部　肩甲骨が、さらなる、「でこピン」パワーを生む！

第1章 先行動作としての肩甲骨

すでに硬式テニス他において、下半身・体幹の先行動作が、リストの「でこピン」パワーを生むメカニズムを紹介してきました。次頁の図3-1をみていただけますか？ これはプロテニスプレーヤーであるフェデラーのフォアハンドでのインパクト直前のものです。十分な下半身・体幹の先行動作によってインパクトを迎えたところです。このインパクト直前の右肩の位置ですが、胸・体幹に対して前方にかなり大きく移動させていることが確認できますでしょうか？ これがこの第3部を進めていく上でもっとも着目すべき重要な動きとなります。

この右肩の動きは、同じ肩でも肩関節の土台である肩甲骨の動きであり、肋骨・背骨に対する肩甲骨の動きであるとみてよいでしょう。普段は背中側に位置している肩甲骨ですが、この場合、肩甲骨は肋骨の周りを前側方に大きく移動していきます。この肋骨の周りを背中の後方から側方へ回っていく肩甲骨の大きな動きが極めて重要となります。

この先以降、肩甲骨は体幹ではなく腕の土台として扱っていきます。

つまり、ダウンスイング時の下半身・体幹が先行する動きに続き、肩甲骨が先行動作として腕よりも先んじて前方向へ積極的に回ることによって、腕とともに先のリスト・ラケットを一段と十分な「置いてけぼり」状態に導いてくれることになりま

図3-1 フェデラー選手のインパクトの瞬間

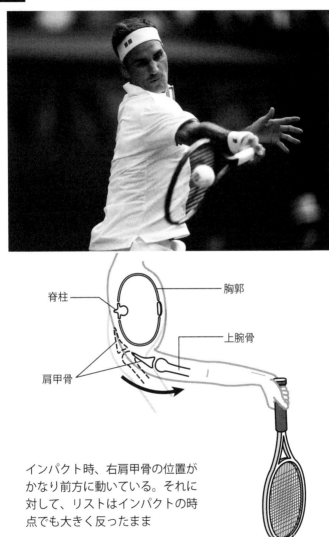

脊柱

胸郭

上腕骨

肩甲骨

インパクト時、右肩甲骨の位置が
かなり前方に動いている。それに
対して、リストはインパクトの時
点でも大きく反ったまま

第 3 部　肩甲骨が、さらなる、「でこピン」パワーを生む！

131

す。これはよろしいでしょうか？

　次頁の図3‐2はプロゴルファー、石川遼選手にみられる肩甲骨の柔軟性を表したものです。われわれ一般成人には決して真似のできないほど大きな肩甲骨の動きですが、このように肩甲骨の可動域が大きく前方へ回せるほど、たとえば投球動作だけではなく、ゴルフやテニスなど、スイング動作全般にわたって、図3‐1（P131）に示したように肩甲骨が先行する動きが理想的に行える環境にあるとみてよいでしょう。同様の肩甲骨の柔らかさは、「二刀流」大谷翔平選手や佐々木朗希投手でもネットで検索できます。

　余談ですが、バスケットボールの手に吸い付くようなドリブルも、バレーボールのセッターにみられる柔らかなトスさばきも、そして水泳選手の大きなストロークもいずれも肩甲骨の大きく滑らかな動きがあるほど可能となるはずです。

　そしてこの肩甲骨の可動性が大きいほど、下半身・体幹が先行する動きによって、肩甲骨は取り残されて「置いてけぼり」状態となり、肩甲骨の前方に位置する筋群が伸展され「L2」状態へと導かれます（P134／図3‐3）。そして、その後肩甲骨は「でこピン」パワーを発揮しながら腕・手先に先行して前方へ移動していくことになります。

　実際のダウンスイングでは硬式テニスでもゴルフスイングでも、第2部で紹介してきたように、下半身・体幹が先行する動きに続いて肩甲骨、そして腕と移動していき、いわゆる運動連鎖として順に「置いてけぼり」状態をつくり、途中に位置する筋が順に「L2」状態へと導かれて、最終に位置するリスト

図3-2 石川遼選手の肩甲骨の柔軟性の大きさ

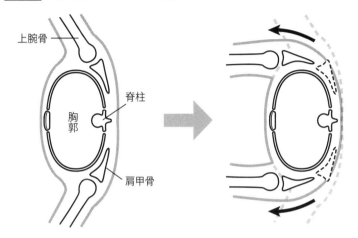

上腕骨

脊柱

胸郭

肩甲骨

第3部 肩甲骨が、さらなる、「でこピン」パワーを生む！

133

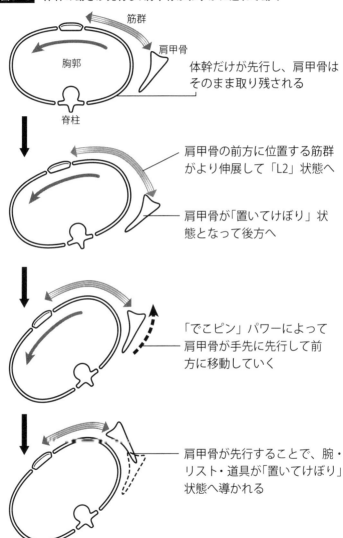

図3-3 体幹の動きが先行し、肩甲骨がわずかに遅れて動く

筋群

肩甲骨

胸郭

脊柱

体幹だけが先行し、肩甲骨は
そのまま取り残される

肩甲骨の前方に位置する筋群
がより伸展して「L2」状態へ

肩甲骨が「置いてけぼり」状
態となって後方へ

「でこピン」パワーによって
肩甲骨が手先に先行して前
方に移動していく

肩甲骨が先行することで、腕・
リスト・道具が「置いてけぼり」
状態へ導かれる

に「でこピン」パワーを発
揮させていたとみていいで
しょう。

　一般にゴルフスイングで
は右肘に関する指導が多く
みられます。脇の締まりや
右肘の引き付け、そして、
絞るような右肘の位置や動
きに関するいくつかの教え
についても、本来の目的と
は、実は土台の肩甲骨を先
行させる動きにこだわった
ものと私はみています。

　たとえば、日常の力仕事、
重い鉄の扉や学校の正門の

図3−4　力仕事を行う際には、力の入り
やすい肩甲骨の位置を探って行っている

ような重さのものを、右から左に開けようとする場合、右の肘
を身体近くに添えて、へそ周りに力を入れ、いわゆる脇を締め
て行います。その際、必ず土台の肩甲骨を含めて腕の位置を微
調整していませんか？（図3-4）

　まず土台の肩甲骨を先行してその人なりの理想的な位置に
セットしてから手先を使っていくこと、これが力仕事をする際
の肩甲骨を含めた腕本来の基本的な使い方であったのです。

　この場合は静的な動作ですが、ゴルフスイングのような大き
な動きを伴う動的なものであっても、全く同様に、何よりも肩

甲骨の位置がもっとも大切で、下半身、体幹に続いて、腕・手先よりもまず肩甲骨を先行させて、脇を締めるかのように理想的な位置を探ってセットし、そこで本書のテーマでもあった「でこピン」パワーを手先に発揮させることが重要だったのです。ただ、肩甲骨の動きは外見からはわかりにくく、自覚もできないため、見た目にわかりやすい肘の位置を目印に指導が行われていたのです。

そして肩甲骨の可動域が大きく柔軟性があるほどに、肩甲骨自身が「でこピン」パワーを発揮しながら速く力強く腕が振られ、結果、意識せずともリストでの「でこピン」パワーを高めてくれるものとみてよいでしょう。「手で打ちにいくな」「腕を振るな」といった手先・リストの積極的な動きを戒めるかのような指導も、同じ腕であっても腕・手先より先んじて、まず土台である肩甲骨を体幹と切り離して先行して始動させることで最終的にリストでの「でこピン」パワーを力強く発揮させるためだったというわけです。

P133の図3-2の石川遼選手のように、肩甲骨の可動域があるほど、理論上は、下半身・体幹と引き続いた肩甲骨の大きな先行動作が可能となり、結果、リストでの力強い「でこピン」パワーを導けて、スイングの「力強さ」にそのまま通じてくれることになります。学生ゴルファーたちでは身体の線が非常に細くても非常によく飛ばせているのがその証拠であり、私は上級・プロレベルでは必須で、彼らなりに最大活用しているはずとみています。

スポーツ現場では、こういった役割を肩甲骨はしっかり担っ

ていたのですが、残念ながら、整形外科では、これまで肩甲骨に関して、本来の大きな可動域も、そして力強さも含めた大きな役割も、一切無視してしまっていたのです。

　なぜ身体のつくりをもっともよく知るはずの整形外科が、この部位にこだわってこなかったのか？　そこには止むを得ない、いくつかの理由があったのですが、次章以降、そういった内部事情も含めて、肩甲骨について私なりに紹介してみましょう。一般の読者の皆さんにとって少し難しくなりますが、上手さ・強さの謎解きを真に求める方々には知っておいたほうがよい知識ではないでしょうか？

第**2**章 　肩の持つ特殊性

1）肩は単純な1つの関節ではない

　第3部のテーマである肩甲骨を私なりに検証していきましょう。ヒトの腕の土台である肩という関節は単に1つの関節ではなく、三次元の動きが可能な2つの関節で構成されているとみてよいでしょう。1つは、腕の骨が肩甲骨の受け皿にはまり込み、身体の中でもっとも大きな動きを持つ「肩甲上腕関節」で

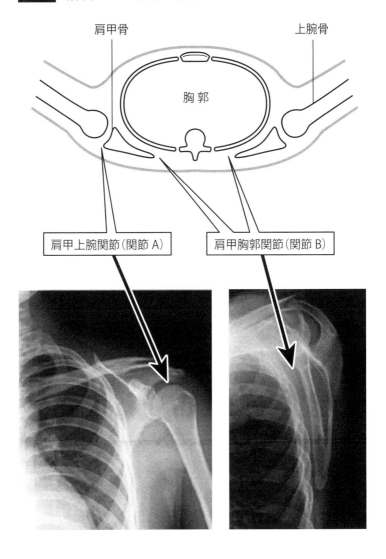

図3-5 肩関節は2つの関節から構成されている

肩甲骨

上腕骨

胸郭

肩甲上腕関節（関節 A）

肩甲胸郭関節（関節 B）

す（図3-5）。この関節は腕をどの方向にも自由自在に動かせる非常に器用で便利な関節となっています。誰もが肩といえばこの関節を思い浮かべますし、格闘技などで肩を脱臼するのもほとんどこの関節です。ここでは関節Aとします。

　もう1つの関節とは先ほども紹介した背骨や肋骨に対する「肩甲骨の動き」そのものです。この部位の動きに関わる筋ですが、頭部や首、胸、背中の肋（あばら）や背中、さらに骨盤といった広範囲から起始し、肩甲骨・腕まで走行する厚みも幅もある複数の大きな筋群が働いています。お相撲さんなら、頭部や首、胸・背中の肋や背骨、さらにすごく筋肉が盛り上がっている部位も含めて正式には「肩甲胸郭関節（けんこうきょうかく）」といいます。ここは筋肉だけで連結している特殊な関節で、単に骨同士が向かい合った関節ではありません。ここでは便宜上、関節Bとしておきましょう。

　ヒトの肩は常にこれら関節AとBの両者が合わさって動かされていますが、実は幼い子供ほど肩甲骨（関節B）の動きは非常に大きく、常に肩甲骨ごと大きく動かして腕を使っています（P140／図3-6）。小さなお子さんがいれば、お風呂でも一緒に入ってよく観察してください。出産された女性ならご存じでしょうが、出産時には肩甲骨ごと肩は頭より小さく、たとえば鳥の羽根のように折りたたまれた状態で生まれてきます。

　そして出産直後では、確かに腕は肩甲骨ごと関節B主体で使われているのですが、成長とともに、肩甲骨の可動域が低下し、少しずつ関節Aの動きの割合が大きくなっていくとみて

図3−6 乳幼児・小児の肩甲骨の大きな動き

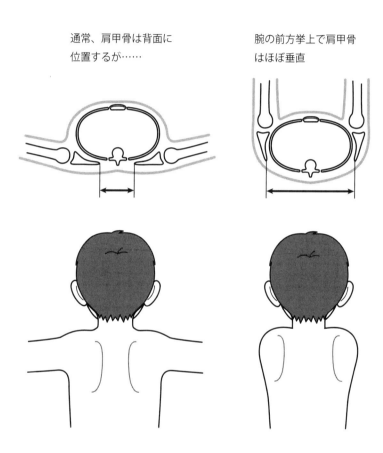

通常、肩甲骨は背面に
位置するが……

腕の前方挙上で肩甲骨
はほぼ垂直

幼い子供たちの腕の動きは、肩甲骨（関節 B）主体で動かされている

よいでしょう。私自身が計測したデータでは幼稚園児でおおよそＡ：Ｂ＝１：１程度、それ以降次第に関節Ａ主体で使われるようになり、30代成人ではほぼ２：１程度とみてよいでしょう（もちろん個人差もあります）。

2）肩甲骨の動きは誰にも正確には認識できない

さらに肩甲骨の動きである関節Ｂには、他の部位にはみられない、やっかいな事情があります。それはいくら肩甲骨が大きく動かされていても、本人自身はその動きを明確には自覚できないというものです。

いったい、どういうことなのか？　簡単に説明しましょう。たとえば目をつぶっても膝や肘ならどの程度曲がっているとか動いているとか、手指ならどの指がどれぐらい曲がって握っているのか、が認識できます。

一般の関節ではそれぞれが全体を関節包という袋状の包みによって覆われており、実はその包みに関節の動きを認知する神経（関節位置覚）が多く集中して存在しているからです。もちろん関節Ａには他の関節同様、動きの存在を認識する神経はしっかりと存在しています（P142／図3 - 7a）。

しかし、肩甲骨はほぼ筋肉だけで体幹と連結しており、他の関節と異なり、関節Ｂには関節包そのものが存在していません。肩甲骨自体を動かす筋肉への運動神経、そして筋肉の痛みを感じる神経は確かに存在してはいますが、動きを認識する関節位置覚に関する神経は十分には存在してはいないのです（P142／

図3-7 関節の構造と関節位置覚

a 一般関節の構造
（関節 A 他、ほぼすべての関節に共通）

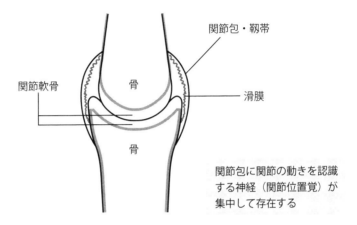

関節包・靭帯

関節軟骨

骨

滑膜

骨

関節包に関節の動きを認識
する神経（関節位置覚）が
集中して存在する

b 肩甲胸郭関節（関節 B）の特殊な構造

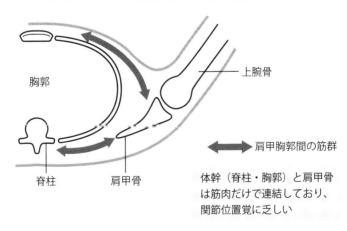

胸郭

上腕骨

脊柱　　肩甲骨

◀━━▶ 肩甲胸郭間の筋群

体幹（脊柱・胸郭）と肩甲骨
は筋肉だけで連結しており、
関節位置覚に乏しい

図3-7b)。したがってたとえば肩甲骨が背骨から何センチ離れているとか、どれぐらい動いたとか、また何度傾けたなど、本人が正確に自覚できることはありません。

　また背中にあって周囲が厚みのある大きな筋肉で覆われており、肩甲骨の動きが本人自身には見えないこと、そして日常は衣服に隠れてしまうこともあって、肩甲骨の動きそのものを日頃の生活で意識することはほとんどありません。腕を大きく振り回しているようなスポーツ動作であっても、より自覚しやすく、見た目にわかりやすい関節A他の部位にこだわらざるを得ず、誰もが肩甲骨に関する情報を全く把握できないというのが現実でしょう。さらに、動きを解析するにしても、関節A・Bが隣接して、両者ともに三次元の複雑な動きをとっており、呼吸による胸郭の動きもあり、肩甲骨が胸郭の周りを滑るように移動していて、正確な運動軸を設定することができません。

　こういった多くの事情もあって、現在の科学レベルではまだ肩甲骨を正確に解析できませんので、いっそのこと肩の動きはすべて関節A単独の動きとみなし、関節Bを無視して解析してしまうことになったというわけです。

3）加齢により、肩甲骨の可動域は低下していく

　繰り返しますが、もともと幼い子供たちは肩甲骨の可動域が非常に大きいのです。どの子供でも生まれるときは肩甲骨が鳥の羽根のように折りたたまれ、肩回りが頭の大きさよりも小さくなって生まれてきます。もちろん幼い子供たちがどんなに肩

甲骨を大きく動かして使っていても、彼らにその自覚は全くありません。

　いわゆる四十肩・五十肩の発症理由も、この関節AとBの割合が徐々に崩れていくことで、こういった病態を招いてしまうと考えられます。

　子供時代は幼いほど、手や腕の大きな動きが肩甲骨ごと使われているのですが、その後は成長とともに、肩甲骨は動きの大きさだけではなく、スムーズさも徐々に低下していきます。手に同じ動きをさせても、年齢とともに肩甲骨の動きが制限され、もう一方の関節Aの負担が大きくなってしまいます。

　関節A自体も、もともと十分な余裕はあったのですが、こちらも加齢とともに低下していき、かつ関節Bの減った分まで負担が増えてしまうことで、どこかで悲鳴を上げてしまうことになります。私はこれがもっとも単純な四十肩・五十肩の発症理由と考えています。

　いわゆる肩こりも加齢とともに肩甲骨の動きが低下していくことが背景にあり、できるだけ動きが保たれていることが好ましく、それがそのまま肩こり予防にも通じているとみてよいでしょう。巷に紹介されている肩こり体操なるものも、肩甲骨の動きの改善に努めるような、肩甲骨周辺筋群のストレッチとなっているはずです。

　ただ、肩甲骨の可動域自体は、中高年からではなく、実はもっと幼い少年少女の時点から、すでに少しずつ低下が進行し

ており、われわれ中高年では、すでにかなり制限されてしまっているのです。中高年以降は可動域の低下は明らかですし、私も日々可動域の維持には努めていますが、60代後半となり、可動域の低下に加え、筋自体の伸び縮みのスムーズさ、滑らかさの低下といった経年劣化を明確に自覚せざるを得ない毎日です。

最近では、「肩甲骨はがし」といった肩甲骨の動きを積極的に改善させようとする指導もよく見かけます。肩甲骨は鎖骨を介して体幹に連結していますので、鎖骨はもちろん、胸郭の動きにも関係しており、極端に乱暴で強引な手技では、周辺の筋・関節、そして神経組織への悪影響を及ぼす可能性が高くなります。私の立場からは、日々の丁寧な柔軟性の維持・向上を日々欠かさず地道に努め続けることをお勧めします。

4）進化から見た、肩甲骨周辺筋の機能の大きさ

話が大きくなってしまいますが、哺乳動物の進化という立場から肩甲骨を補足しておきましょう。

ヒトはネズミやモグラなどの原始哺乳動物から、その後の樹上生活でのサル類を経て進化してきたと考えられます。一方、地上を走り回るという別の進化の道をたどった四足哺乳動物では、身体の重さを支持する役割は、身体の中心部により近く位置している前脚が主に担っており、対して後脚は蹴り出して身体を移動・駆動させる役割となっています。

図3-8 四足哺乳動物の前足

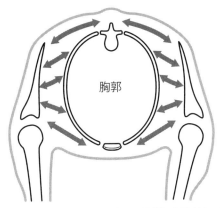

⟵⟶ 肩甲胸郭関節（関節 B）の筋群

胸郭

鎖骨は消失し、体幹（頭・背骨・肋骨・骨盤）と連結しているのは筋肉
だけ。すなわち関節 B の筋力だけで身体を支持している

　原始哺乳動物では、肩は肩甲骨・上腕骨、そして鎖骨から構
成されていますが、四つ足哺乳動物では、鎖骨はありません。
身体の重さを支えて地上を走り回るという四つ足の立場からは
進化の流れの中で鎖骨は不要となって消失し、前脚では肩甲骨
ごと筋肉だけで身体の重さを支えていることになります（図3-
8）。対して樹上生活を行ってきたサル類、そしてヒトにおいて
も鎖骨は消失しませんでした。
　ヒトの鎖骨は身体から浮き上がっているのが観察できます。
S状に蛇行した形状をしており、腕の骨などに比較して、幅も
細く厚みも薄く、強度的にもさほど頑丈ではないことがうかが

えます。実際、鎖骨と肩甲骨のつなぎ目である関節が脱臼（肩鎖関節脱臼）することも多いのですが、たとえ脱臼が整復されず、そのまま放置された状況であっても、日常生活程度ではせいぜい鈍痛程度でさほど困らないことが多いのも治療現場ではよく見受けられます。こういった傾向が明確にありますので、鎖骨本来の役割とは、身体の重さを中心的に支えるような力仕事ではなく、腕や手を正確で安定した軌道や距離感で使うため、腕の土台である肩甲骨のコンパス程度の役割であったと私はみています。

　ヒトでは直立二本足歩行が可能となり、身体の重さを支える担当は下肢となり、上肢・腕はその役割から解放されました。そして繊細で器用な作業が可能となった手指を前方だけではなく側方、さらに後方にも作業させるため、腕の土台である肩甲骨を胸郭の後方へと回らせ、手指の使える範囲を身体の前方から後方へと広げていったものと考えられますが、手指はあくまで小手先であり、器用さはあっても、力強さは発揮できません。

　対して、上肢は自身の荷重支持から解放されたとはいえ、サル類のぶら下がり移動と同様、ヒトでは腕立て伏せはもちろん、ボルダリングや懸垂といった動作も可能で、肩甲骨および周辺筋の持つ機能の大きさが推し量れます。腕を使うスポーツ動作ではこの部位を最大に生かすことが身体のつくりからみて理にかなった使い方とみてよいでしょう。幼い子供たちで観察しやすいのですが、年齢にかかわらず、ヒトでも肩甲骨ごと腕を使うことが哺乳動物共通の使い方の大原則であったと私は考えています。

5）整形外科の立ち位置

　整形外科の治療の現場からも、この部位にこだわってみていきましょう。

　ヒトの関節Bを見つめ直してみます。この部位は筋肉だけで構成されており、通常の関節と異なり、関節の構成体としての関節軟骨は存在しません。さらに靭帯もなく、関節部分を取り囲む関節包もなければ、もちろん関節液も分泌されません。あるのは唯一筋肉だけ、という極めて特殊な関節です。

　したがって、整形外科医が治療の対象とする、関節内の骨折・脱臼・関節炎、その他種々の対象疾患は一切ありません。あるのは筋肉・神経痛に関するものだけで、多くは「肩こり」程度ということになります。もちろんさまざまな疾患に関わるものもありますが、多くは外科的治療の対象にはなりません。

　外傷では肋骨や肩甲骨の骨折もありますが、肩甲骨骨折の場合、最初は痛くて腕を動かせないのですが、その後の1週間足らずのわずかな期間で、関節A単独での腕の動きが徐々に可能となり、ほぼ2〜3週間程度で日常生活レベルには困らない程度に改善してくれることが多いのです。肋骨骨折もほぼ同じです。

　もともとヒトの腕も、四つ足やサル類と同様に、腕立て伏せや懸垂など自身の重さを支えることが可能です。痛みが改善するにしたがい、この部位の筋力が多少低下してしまっても、腕

の重さを動かす程度にはすぐに回復してくれます。結果として、外科治療を要することはまずありませんので、整形外科医の立場では関節Bを重要視することはなかったというわけです。

　私もそうだったのですが、整形外科医への道を志したからには、手術のできる腕のたつ整形外科医を目指し、できるだけ早く、数多くの各種手術症例を経験し、日々腕を磨き、外科医として確かなスキルを身につけることが最優先の課題でした。経験を積み重ね、熟練すればするほどに、現状に満足せず、難治症例の対処法やさらなる良い治療成績が期待できる術式を追求し、現状にとどまることなくレベル向上を目指すことになります。

6）車にたとえてみよう

　こういった整形外科医のスタンスは車にたとえるとよくわかります。どんなにペチャンコになって走れなくなっても、できるだけ元通りに修復して走らせることができるかどうか？　より難しければ難しいほど、何とか走れるようにあらゆる知恵を絞り出し、工夫を凝らし積み重ね、何としてでも元通りの機能回復に努め続ける。いくら難しくても腕を振るって何とか回復させられるかどうか、これが整形外科医本来の腕の見せどころであり、誰もが目指す立ち位置であるとみてよいでしょう。

　車メーカーなら、安全性、耐久性、燃費のよさ、乗り心地、デザイン性、馬力やスピードなど、さまざまな目的に合わせ、理想的な車づくりを目指しています。われわれ一般ユーザーで

あれば車の機能・性能を選び、それらをできるだけ引き出しつつ、正確で安全、燃費も考えた丁寧な運転が勧められます。

　レースとなればメカニックなら、あらゆる装備や備品に工夫を凝らすでしょうし、レーサーであればスピードに加え、高度で華麗な運転テクニックを求めて、レベル向上に励むことになります。それぞれが目的に合わせ、できるだけ目的に合った車を選び、理想的な走り方を追求しているのではありませんか。

　ヒトの身体も、車と全く同様に、必要な目的に合わせ身体のつくりからみて、持てる機能をできるだけ引き出して理想的な使い方を追究する、といった立場もあってよいはずです。皆さんも日々、筋トレや柔軟性を高め、レベル向上に努めておられるでしょう。

　ただ、治療の必要性があってこその医学です。障害予防やリハビリも整形外科の守備範囲ですが、外科的治療に比重を置き続けるスタンスは変わらず、治療・予防の枠を超え、それ以上に身体を見つめることはありません。いくら身体のつくりを熟知してはいても、スポーツ現場に立ち入り、パフォーマンス向上にこだわってスポーツにおける上手さ・強さの謎解きを試みることはなかったのです。

　こういった立場から、「肩甲骨および周辺筋」は、ここまでに挙げてきたいくつかの理由によって、整形外科では20世紀まで、肩甲骨は動かない・動かなくてよい、最終的にはいっそのこと無視してよい、せいぜい体幹の一部という程度の扱いになってしまっていたとみてよいでしょう。

ただし、21世紀以降の現在では徐々に、肩甲骨の存在や機能も重要視されるようになり、特に投球障害では肩甲骨を含めた機能評価が現在ではしっかり行われるようになりました。しかし、あくまで障害の評価、そして治療目的にとどまっているのが現状です。ここではもう一歩進めて、肩甲骨・腕の理想的な使い方とともに、上手さ・強さの謎解きについても追究していくことになります。

第 2 章 の ま と め

　いかがでしたか？　身体のつくりをもっともよく知るはずの医学・整形外科であっても、長年にわたり、スイング動作はもちろん投球動作においても肩甲骨の動きはないもの、あってもさほど重要でないものとして扱われていたというわけです。

　どんなに素晴らしいパフォーマンスが可能なプレーヤーであっても、肩甲骨の動きを明確に自覚できることはありません。それは皆さんも私も誰もがヒトである限り同様です。身体のつくりをもっともよく知るはずの医学までも21世紀の今日に至るまで、立ち入ることもなかったのです。私に言わせれば、この部位はいわば秘境の地であり、いまだに人智の及ばぬ部位だったということになります。

　ここでの私は、スポーツにおける上手さ・強さの謎解きのため、本来の整形外科医の立場を離れ、この秘境の地に

立ち入り、この部位の持つ本来の重要性に着目し、引き続き、肩甲骨と「でこピン」パワーとの関連性について先陣を切って述べていきましょう。

第3章 肩甲骨が腕をしならせ、「でこピン」パワーをさらに生む

第2部までの「でこピン」パワーに加え、この第3部では肩甲骨なるものを私なりに紹介してきました。読者の皆さんには、かなり難しかったかもしれません。

復習しておきましょう。筋に最大の力強さを発揮させる方法です。「脱力」した環境下で筋を最大に伸張させ、本来の筋繊維に含まれる2つのたんぱく質が反応することで発生する筋出力に加え、引き伸ばされたゴムが戻るかのような張力をさらに働かせることです。つまり、いわゆる指の「でこピン」現象と同様のメカニズムを、インパクトでタイミングよくリストに発揮させることで最大のパフォーマンスが期待できるというものでした。

そして「でこピン」パワーを最大に発揮させるには、直前に理想的な先行動作が必須であり、下半身や体幹はもちろんです

が、すでに図3-1（P131）に示してきたように、テニスの他でも実は、肩甲骨の先行始動が特に重要でした。肩甲骨は誰もが動き自体を認識しづらく、整形外科の立場からもこの部位を重要視することはなかったのですが、「はじめに」のところで紹介したように、私は約30年にわたり肩甲骨をテーマに、肩甲骨を中心に身体を見つめてきました。その立場からもう少し私の持論を述べさせていただきましょう。

1）私が肩甲骨に関わることになった理由

研修医時代に、股関節脱臼の幼い子供たちを診療する機会がありました。子供たちは数週間にわたり、下肢を重錘で牽引して整復治療を受けていくのですが、ベッドに骨盤ごと固定されており、この期間中は基本的には寝たまま、腕・手だけを使える状況で過ごすことになります。

子供たちは骨盤・下半身がベッドに固定されていますので、手を動かすしかありません。清拭などで裸になることも多いのですが、そのまま上方に腕を挙げると、肩甲骨もベッドに対して垂直に立っている状況が容易に観察できます（P140／図3-6）。つまり幼い子供ほど肩は、肩甲骨ごと（ここでの関節B）動かされており、成人以降では肩甲骨の可動性がかなり低下してしまっているのです。肩甲骨ごと動かすことが、ヒトも含めた哺乳動物に共通する本来の腕の使い方であったことを、このとき私はようやく真に理解したといってよいでしょう。

当時の整形外科関連の教科書では、肩甲骨自体の三次元的な動きの記載は確かにあるものの、腕を横から上に挙げていく動き以外は、腕を振り回す、たとえば投球動作でも、まるで胸郭に肩甲骨が固定されているかのような扱いとなっていたのが実情です。肩甲骨の大きな可動域と幅広く厚みのある周辺筋の持つ大きな機能にかかわらず、整形外科の治療現場に全く登場することのなかった肩甲骨に、当時の私は逆に大きな魅力を感じ、探求心を大いにそそられてしまい、一念発起し、日頃の臨床とは切り離し、秘められた機能を持つ肩甲骨について独自に見つめ直すことになったのです。

　いったい、この部位がどれだけ重要なのか、スイングや投球動作をテーマに1990年代の約数年間にわたり、整形外科関連の学会や研究会などで独自に検討を加えてきました（巻末参考文献参照）。また愛知県にある京都大学モンキーセンターでアカゲザルの肩甲骨の動作解析まで行ってきました。

　そしてこの部位の持つ本来の動きの大きさや力強さ、つまりこの部位のハード面を整理し、①『天使の翼がゴルフを決める』（文芸社、2001年）、さらにその後も肩甲骨の理想的な使い方、つまりソフト面を追求し、②『「天使の翼」が上手さ・強さの謎を解く！』（文芸社、2020年）を上梓してきました。ここでは②の内容を一部紹介しましょう。

2）肩甲骨が腕をしならせる！

　まずは一番わかりやすい例として、図1-10（P28）でもこだ

わってきた使い方をもう一度挙げて考えてみましょう。お坊さんが木魚を繰り返し叩くような動作です。この場合、腕を上下に振って木魚を連続して繰り返し叩いているのですが、この動き自体は単純に肩関節、肘関節、手関節の3つの関節が使われ、腕を動かして行われているとみてよいでしょう。

同じような動きですが、お祭りなど和太鼓をリズム感よく、弾ませるように叩いているシーンです。これも一定のリズムで同じように太鼓をしっかり叩いているのですが、お坊さんの場合とは異なり、跳ねるように弾みよく、あたかも腕がしなっているかのように見えませんか？

後者では、どうして弾むように見えるのでしょう？　また投球動作でも、プロ・上級者では腕をしならせて投げています。他に弾みよい動作として、日常の布団叩きやハエ叩き、われわれの子供時代によく遊んだ「ベッタンやメンコ」や「こま回し」、「紙鉄砲」、そして「フリスビー」や釣竿、オーケストラの佳境での指揮者など、腕をあたかもしならせるかのように使っているのが観察できます。

こういった腕をしならせ弾ませた使い方こそ、私はここでいう関節B、つまり肩甲骨を含めた腕の本来の使い方であったとみていました。しなるように見えるこの現象は、ボールペンや鉛筆を揺らすことで再現でき、「ラバーペンシル錯視」と呼ばれています（P156／図3-9）。

なぜ目が錯覚してしまうのかは成書に任せるとして、いずれも腕の土台である肩甲骨が腕に先行して動かされて使われることで、「ラバーペンシル錯視」が生じ、腕がしなってみえるも

図3-9 ラバーペンシル錯視

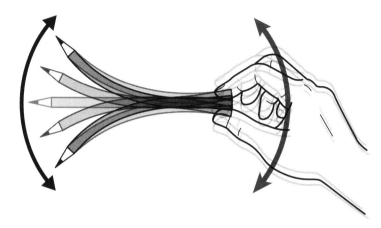

のとみてよいでしょう。馬やチーターなどの鎖骨のない四つ足哺乳動物でも前脚では最初に肩甲骨を使って駆けています。哺乳動物の腕・前脚とはもともとはそういった使い方、つまりもっとも胴体に近く隣接する肩甲骨から順に動かして使うべきものだったというわけです。

さらに私の個人的意見です。50年以上も前のことですが、当時、誰の目にも焼き付いていたとみられる素晴らしい見本がありました。それは、われわれの少年時代に国民的ヒーローだった昭和の名三塁手、読売巨人軍の長嶋茂雄終身名誉監督の華麗なスローイングです。私も今になってようやく言えるのですが、あの特徴的なパフォーマンスは肩甲骨が体幹の動きと切り離され、かつ体幹に続き、腕よりも先行する肩甲骨の十分な始動があってこそであり、選手長嶋の肩甲骨は現代のアメリカ大

リーグ・エンジェルスの二刀流大谷翔平選手以上の可動域を有していたのだろうと考えています。

そして投球動作だけではなく、スイング動作においても、肩甲骨の強大なハード面を生かすため、体幹に続いて上肢・腕の土台である肩甲骨から先行させることで、見た目にもしならせるような力強い使い方が可能となっていたのです。これが、繰り返しますが、哺乳動物に共通するヒト上肢・腕の使い方の大原則であり、上級者ほどゴルフスイングでもダウンスイングが肩甲骨始動で開始されていたことを前著『「天使の翼」が上手さ・強さの謎を解く!』でも紹介してきました。

また前著では、上級者の動きを真似てはみても、真似しきれない理由についても、こだわっています。たとえば、ある関節の動きがあっても本人がその関節を積極的に動かす筋を使っているとは限らず、また動きが全くなくても、本人が何もしていないのか、あるいは逆に決して動かぬように意識しているのか、実は全くわからないから、というものです。詳細は前著を参照していただければ幸いです。

■ 3)肩甲骨が「でこピン」パワーをさらに生む!

さらに本書ではリストでの「でこピン」パワーに着目し、必要な先行動作として第2部で下半身・骨盤の動き、そしてこの第3部で肩甲骨が大きく動かされている（P131／図3-1）ことをテニスプレーヤーで指摘してきました。

この「でこピン」パワーを導くための必要な肩甲骨始動の動

きですが、これまで前著で私が求めてきた腕をしならせる目的での使い方とは、積極的に肩甲骨を先行させるという点では、実は両者とも全く同じ使い方だったとみてよいでしょう。

つまり、リストでの「でこピン」パワーを最大に発揮させる肩甲骨の先行動作ですが、それは同時に腕をしならせてくれることになります（P160、161／図3-10）。

これまで約30年にわたり、ライフワークとして、スポーツの上手さ・強さの謎解きを念頭に、われわれ整形外科医にとって臨床では表舞台に出てくることのなかった、黒幕的存在ともいうべき肩甲骨の持てる機能的重要性をつまびらかにすることを課題に独自に活動してきたのですが、今回の「脱力」と「力強さ」の関係を追求する過程においても全く同様に、肩甲骨の積極的な始動が強力な「でこピン」パワーを導いてくれていたことが明らかとなりました。

本書のテーマは表題に記すように「脱力」であり、いわゆる指の「でこピン」現象をリストに発揮させることを目的に話を進めてきました。下半身・骨盤も、土台として安定しつつ先行させる動きが重要でしたが、それ以上に肩甲骨が先行する動きも重要な役割を担っていたのです。

さらに肩甲骨の可動域の大きさについては、私がもっとも強調したい点があります。より幼い子供たちが当てはまるのですが、肩甲骨の大きな動きが可能なほどに、実際のダウンスイングでは、下半身・胸郭の動きに、肩甲骨の動きが加わることで、腕から肘がほとんどインパクトの直前まで降りてきてくれるということです（P162、163／図3‐11）。

肩甲骨が先行する動きがより大きいほど、ダウンスイングでの動きのかなりの部分を肩甲骨だけでまかなえることになります。つまり土台の肩甲骨の動きだけで、腕から肘、そして手先までもが、大きく動かされて、幼い子供たちではこういった使い方を実践しやすく、非力な手先の動きが少なくすみます。

　もしダウンスイングの最初に肩甲骨ではなく腕を使って動かして振り下ろせば、右肩・腕が前に出てしまい、見た目にも手打ちだと指摘を受けてしまうでしょう。腕を肩甲骨よりも遅らせて使うことで、結果、リストが反ったまま、脇が締まりハンドファーストのまま、かつ腕をしならせてインパクトで「でこピン」パワーを迎えやすくなります。逆に肩甲骨を大きく動かせない環境は、脇を開きやすく、そのままいわゆる非力な手打ちになりやすいということにもなります。

図3-10 肩甲骨の動きが「でこピン」パワーをさらに生む!

飛球線方向

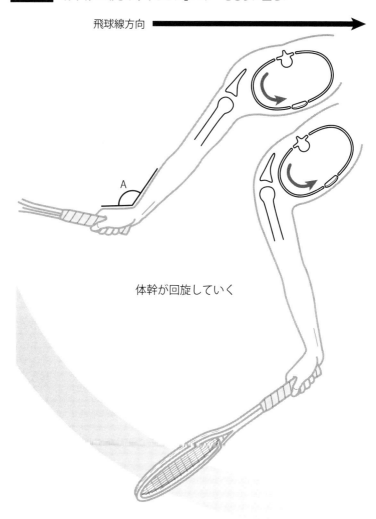

A

体幹が回旋していく

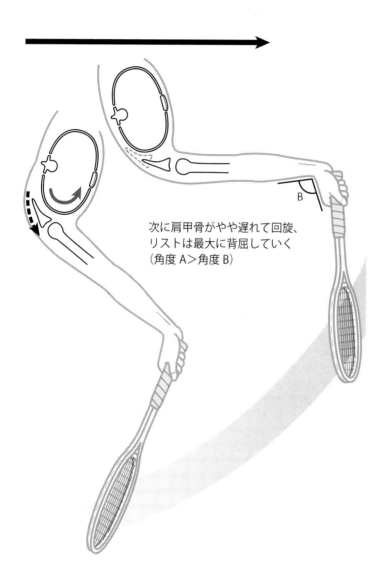

次に肩甲骨がやや遅れて回旋、
リストは最大に背屈していく
(角度A＞角度B)

B

図3−11 ダウンスイング前半の動き……肩甲骨が胸部より遅れて振り下ろされてい

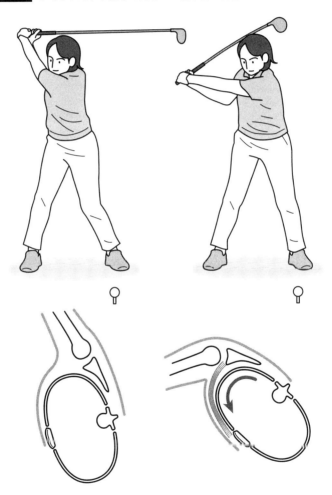

両肩は 90 度回って見える　　まず体幹（脊柱・胸郭）が先行し、
肩甲骨は「置いてけぼり」状態へ

162

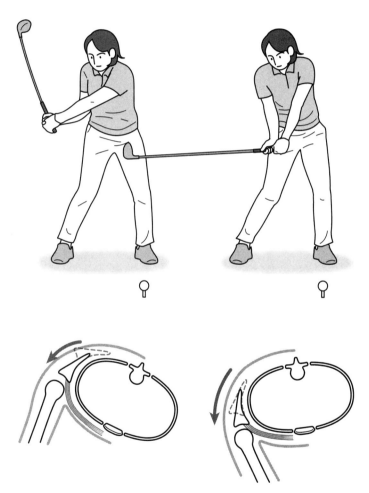

肩甲骨の動きは大きければ大きいほど、手先の動きがなくとも肩甲骨の動きだけで腕、リストが下りてくる

　この第3部は、少し面倒で難しかったと思いますが、整理しておきましょう。ここでは私のライフワークである「肩甲骨および周辺筋」について紹介してきました。

　この部位は哺乳動物に共通して、広範な可動域を持ち、身体の重さを支えることが可能な力強さを発揮できます。にもかかわらず、動き自体を正確に認識することができないことや、身体のつくりをもっともよく知るはずの整形外科の立場からも、外科的治療の必要性がほとんどないため、この部位は重要視されることはなかったのです。

　しかし、治療の必要性はなくとも、持てる機能の大きさから、私はスポーツにおけるこの部位の重要性を整形外科の学会や研究会で報告し、さらにプロ・上級者でよく観察される腕をしならせた投球フォームや、さまざまな日常生活動作から、上肢というものは、土台である肩甲骨をまず先行始動させることが、この部位の本来の使い方であろうことを示唆してきました。当然、肩甲骨を速く動かせること自体がそのまま腕の振りの速さや力強さにも直結していきます。

　さらに本書では「脱力」に着目し、いわゆる指の「でこピン」現象をヒントに、「でこピン」パワーを発揮させる使い方を追求してきました。リストに最大のパワーを発揮

させるためにも、前著『「天使の翼」が上手さ・強さの謎を解く！』でこだわってきた腕をしならせる場合と全く同様、肩甲骨を積極的に大きく先行させて、手やクラブやラケットを「置いてけぼり」状態に導くことで、伸ばされたゴムが戻ろうとするかのような「でこピン」パワーが発揮でき、しかも正確性も含めてパフォーマンスを高めてくれることを紹介してきました。

　いかがでしたか。最近、よく話題にされる「脱力」なる環境ですが、スイング動作ではリストを「脱力」した環境下で、下半身・体幹に加え、肩甲骨を積極的に先行始動して使うことで、腕をしならせ、もちろん上級者ではシャフトのしなりも最大活用して、その人なりの最大の「でこピン」パワーをリストで発揮させていたというわけです。下半身を使えない車椅子テニスでは特に必要な要素とみてよいでしょう。

「脱力」した環境を勧める先人の「肩の力を抜け」という代表的な格言も、「力む」というマイナス面を減じるだけではなかったのです。リストに「でこピン」パワーを導き出すため、リストを「脱力」させておくことは当然ですが、腕の動作開始時に、まずは肩甲骨の動きを先行して積極的に大きく行わせる必要性があり、肩甲骨周辺の環境としてゆるめておくことを指導していたのです。

　これまで、「脱力」に縁のなかった方々にとっては、意識革命が必要でかなり勇気を要することと思います。しか

し本書では、「力む」ことへのマイナス面だけではなく、なぜ「脱力」がスポーツパフォーマンス向上に通じるのか？　その答えを筋の本来の機能・性状から「でこピン」パワーとして発揮させることを繰り返し説明してきました。もう読者の多くの皆さんにはこの一連のメカニズムについては理解・納得していただけたと思いますので、是非ともできることから実践していただきたいと思います。

　結論から言えば柔軟性の高い若者ほど、意識せずとも肩甲骨ごと腕を大きく振り回すことができ、最終的にリストでの「でこピン」パワーを発揮しやすく、上達も早かったというわけです。

　個人的には、肩甲骨周辺をゆるめておくことで、テークバックでも左肩甲骨ごと動かしやすく、リスト・手先の動きが少なくすんで、オーバースイング傾向が改善し、切り返しもスムーズとなった印象です。そして、トップでしっかり回せた左の肩甲骨をダウンスイング開始時、わずかに「置いてけぼり」状態に意識することで、結果、リスト自体を意識せずとも、自然にリストでの「でこピン」パワーが発揮できる印象があります。これも「頚と肩を切り離せ」といった指導に通じているものとみています。

　皆さんも「でこピン」パワーの存在を信じていただき、是非、試していただければ、と思います。

格闘技や
サッカーでの
「でこピン」パワー

この第4部ではスイング・投球動作に加え、押す・突く、そして下半身の蹴るといった他の動作についても、引き続き、「でこピン」パワーをテーマに紹介していきましょう。私は武術・格闘技関係については中学・高校の体育授業で柔道をかじった程度ですが、できる範囲で紹介させていただきます。

第 1 章

押す・突く動作における「でこピン」パワー

▌1）押す動作

　腕全体で手のひらを前方へ押し出す場面を考えてみましょう。相撲や空手で押し出す動作のイメージです。上半身を取り出して考えてみましょう。

　脇を締め、肘を直角程度に曲げて、手のひらを前方に向けたまま、目の前の壁を押すような状況をイメージしてみましょう。そのまま胸ごと強く押し込みながら手のひらで押す感じです。さらに壁を深く押し込もうとすると（図4‐1a）、肩甲骨が後方へ移動し、そして肘・リストもより深く曲がっていきます。このとき、肩甲骨前方に位置する筋群が伸展され「L2」状態となります。もちろん肘が曲がっていくことで、肘を伸ばす作

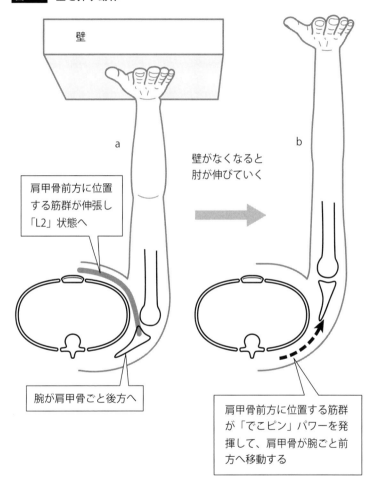

図4-1　壁を押す動作

壁

a

b

壁がなくなると
肘が伸びていく

肩甲骨前方に位置
する筋群が伸張し
「L2」状態へ

腕が肩甲骨ごと後方へ

肩甲骨前方に位置する筋群
が「でこピン」パワーを発
揮して、肩甲骨が腕ごと前
方へ移動する

肘も上腕三頭筋による「でこピン」パワーによって伸ばされていく
リストも反ったままで、手根屈筋に「でこピン」パワーが発揮される

用である上腕三頭筋、そしてリストも背屈し手根屈筋も伸ばされて同様に「L2」状態となってくれます。

　ここで、スイング動作でも述べてきた「置いてけぼり」状態をイメージするために、壁があたかも「つっかい棒」で支えられ、壁の後ろで支えていた「つっかい棒」が一瞬外れた状況を想定してみましょう。外れた次の瞬間、右肩甲骨ごと腕が勢いよく前方へ移動し、そして右肘関節も同様に一気に弾みよく伸ばされるはずです（P169／図4‒1b）。

　この両者の動きが合算され、力強さ・スピードに乗せられて、リストは反ったまま手根屈筋が「L2」状態で勢いよく前方へ押し出されていくことになります。このとき、リストが反っているほど、肘が伸びきるまでの間、意識せずともリストの手根屈筋が「でこピン」パワーを発揮し続けて、力強さを手先に反映させることになります。

　もちろん、実際には、下半身・骨盤が先行し、さらに胸郭が先行しており、肩甲骨が後方に位置して、前方へ移動させる筋群が伸展し、下半身・体幹に由来する力強さを反映しつつ「でこピン」パワーを発揮していく一連のメカニズムは、スイング動作と全く同様です。

　こういった「押す動作」でも、最終的にはリストが十分に背屈し、「手根屈筋」が最大に伸展した環境が重要で、腕立て伏せ時と同様に「でこピン」パワーが発揮されていたという理屈です。

2）突く動作

　指を曲げて握っている拳によるボクシングのパンチ、空手の突きなども、肩甲骨から肘が伸びていく一連のタイミングは前項の1）の押す動作とほぼ同じでしょう。ただし、突く動作では、指とともにリスト・手首もしっかり固められています。したがって、突く動作で主に発揮されるべき「でこピン」パワーの主役はリストではなく、「肩甲骨および周辺筋」、そして「肘関節」になるとみてよいでしょう。

　右上半身が後方に回旋した位置で、肩甲骨は胸郭の後方に位置し、押す動作時と同様、肩甲骨を前方に動かす筋が伸展されています（P172／図4-2a, b）。肘も曲げられて、肘を伸ばす筋（上腕三頭筋）も伸展されています。これらのいずれの筋も、脱力しておくことで、十分に伸展され、肩甲骨は「置いてけぼり」状態、つまり「L2」状態となっています。

　この後、胸郭の回旋移動に続いて、肩甲骨を前方に動かす筋に「受動性伸張による張力」、そして「でこピン」パワーが発揮されていくことになります（P173／図4-2c, d）。

　肘を伸ばす筋（上腕三頭筋）も同様に勢いよく伸ばされ、肩甲骨とともに腕全体が前方に速やかにタイミングよく移動し、固めたリストを介して拳にエネルギーを伝えていくことになります。

　この突く動作も先の押す動作と全く同様に、下半身・体幹が

図4-2 突く動作

a   b

背骨

肩甲骨

胸郭の回旋が移動していき、肩甲骨は「置いてけぼり」状態へ。肩甲骨前方の筋群が引き伸ばされていく

後方に位置した肩甲骨が「でこピン」パワーによって胸郭ごと前方へ移動していく

c

d

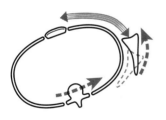

さらに腕ごと肩甲骨が前方へ
移動していく

上腕三頭筋にも「でこピン」
パワーが働き、屈曲していた
肘が伸ばされ、拳が胸郭、肩
甲骨、腕ごと前方へ力強く移
動していく

先行し、こういった肩甲骨に加えて肘の「でこピン」パワーが働いているとみてよいでしょう。

　いかがでしたか？　押す・突くといった動作でも、スイング動作と同様に下半身、そして肩甲骨の先行動作により「でこピン」パワーを発揮しながら、スポーツパフォーマンスを高めていたのです。これがスイング動作、そして押す・突く動作だけではなく、その他あらゆる動作において、まずは土台の肩甲骨から先行して使うことが、ヒトのみならず哺乳動物に共通する上肢の使い方の大原則だったのです。

第2章　蹴る動作における「でこピン」パワー

　ここまで上肢における「でこピン」パワーを紹介してきました。第3部では肩甲骨に着目し、肩甲骨は上肢の土台として、先行始動することで腕をしならせ、リストでの「でこピン」パワーを高めてくれていたことを紹介してきました。

　この章では上肢・腕に限らず目線を広げて、脚についてもみていきましょう。

　下肢は、足関節（足首）、膝関節、そして股関節で構成されており、上肢は手関節、肘関節、肩関節という3つの関節で構成され、ほぼ両者とも同じ形式となっています。しかし上肢ではこの3つに肩甲骨の動きを加え、土台である肩甲骨をまず先行始動させる使い方が重要であることを紹介してきました。これが哺乳動物に共通する上肢・前脚の使い方の大原則だったということです。

　しかし、下肢においては、肩甲骨に相当する部位は骨盤であり、肩甲骨のように大きな可動性を有しているわけではありません。どちらかといえば、逆に脊椎と強固に連結しており、肩甲骨とは全く異なり、ほぼ動かない構造を呈しているといってよいでしょう。

　まず、脚の3つの関節だけを使って蹴ってみましょう。この場合、上肢のところで説明に挙げてきた、お坊さんの木魚と全く同じような力感のない動きであり、さほど力強さを発揮できることはありません。

　しかし実際のサッカーのキックでも空手の回し蹴りでも、彼らは身体をしっかり回しながら、骨盤ごと下肢を使って力強いパフォーマンスを行っていることが容易に確認できます。彼らは確かに骨盤を積極的に動かしているのですが、ではどこを軸として骨盤を動かしているのでしょう？

　背骨に対して捻っているのでしょうか？　答えは否です。腰椎は5個連結して身体を支えているのですが、そもそも腰椎自

体はほとんど捻れません。教科書的には腰椎の捻れは5個全体でたったの5度程度の動きです。つまり腰椎全体でも時計の秒針の1秒（360度／60秒＝6度）に満たないわずかな動きしか本来捻れない構造なのです（図4-3）。

スポーツにおける腰椎分離症などの障害も、本来捻れない腰椎を無理矢理捻ることを繰り返し強いたことによって生じてしまうものとみてよいでしょう。これがサッカーや野球少年に腰椎分離症を招く理由です。こういった障害の予防対策として、私は腹筋をしっかり参加させ、腰椎に単独の回旋運動を強いらせない使い方が好ましいものとみています。

答えは反対側の股関節です。左脚で蹴るのであれば、まず右脚を大きく踏み込むことで、左脚が残り、右の股関節を中心に左下肢全体が体幹・骨盤ごと後側方へ遅れて位置することになり、結果、右股関節を跨いでいる、右脚を骨盤側に寄せたり（内転筋群）、内側へ回旋させる（内旋筋群）筋群が受動的に伸展されることになります（P178、179／図4-4）。

この骨盤の動きが肩甲骨と同様、「でこピン」パワーを生んでくれることになります。伸展したこれら筋群が「受動性伸張による張力」を生じ、「でこピン」パワーとなって、右股関節を中心にまず骨盤、そして背骨・体幹を左前方向へと戻してくれます。骨盤が先行して移動した後は、左股関節、膝関節、足関節と順にしならせるかのように動かされていくことになります。

確かに、下肢では上肢の肩甲骨に相当する骨盤の大きな動きはありません。しかし反対側の股関節を中心に骨盤の動きを積

図4-3 腰椎自体はほとんど捻れない。5個全体でわずか5度（胸椎は35度）

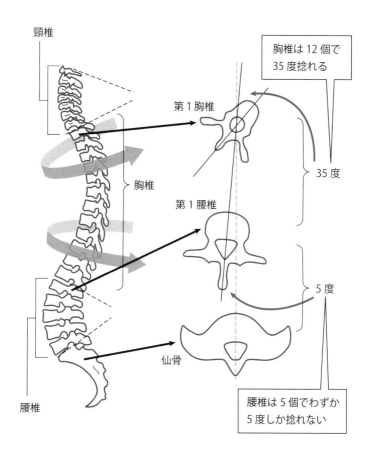

頸椎

胸椎は 12 個で
35 度捻れる

第 1 胸椎

35 度

胸椎

第 1 腰椎

5 度

仙骨

腰椎は 5 個でわずか
5 度しか捻れない

腰椎

図4-4 蹴る動作における「でこピン」パワー

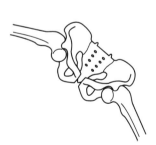

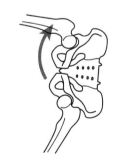

右脚を踏み込むことで右股関節を中心に骨盤と左脚が左後方へ残り、右股関節の筋（内転筋・内旋筋群）が伸張し、その後に「でこピン」パワーが発揮される

右股関節を軸に「でこピン」パワーによって骨盤が前方へ戻っていく。骨盤が戻った分だけ、左股関節前方の筋も伸張されていく

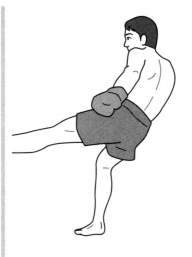

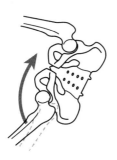

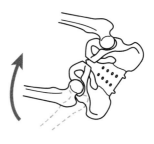

さらに左股関節前方に位置する
筋群が「でこピン」パワーを発
揮しつつ、大腿が前方へ勢いよ
く移動していく

左大腿が移動した後、順に左
下腿も前方へ勢いよく蹴り出
されていく

第4部　格闘技やサッカーでの「でこピン」パワー

179

極的に活用することで、上肢と同様な使い方が可能となるというわけです。もちろん走る場合も全く同様に股関節での「でこピン」パワーを最大活用させているものとみてよいでしょう。

つまり上肢では肩甲骨を先行始動させることで、腕をしならせ、リストに「でこピン」パワーを発揮させていたのですが、下肢でも反対側の股関節を軸に骨盤を先行始動させることで、結果、空手の回し蹴りのような身体全体を生かした力強い使い方が可能となるというわけです。

日頃から股関節の柔軟性を高めることで、下肢にも「でこピン」パワーが発揮しやすくなるとみてよいでしょう。上肢と同様、下肢を力強く使うためには、骨盤ごと先行動作として活用することになります。

第 4 部 の ま と め

スイング動作だけではなく、押す・突く、そして蹴るといった動作でも、上肢は肩甲骨を、下肢は骨盤を、どちらもあらかじめ「脱力」下に、積極的に先行始動して使うことが重要で、結果、筋の受動性伸張による張力を導くことが可能となります。その後に生ずる「でこピン」パワーを活用することで、パフォーマンスを高めることができます。つまり、上肢も下肢も原則、土台から順に使うべきだった、といった極めて単純な答えとなりました。土台か

ら先行して動かすことで、しならせるかのようなラバーペンシル錯視を生じる使い方が可能となるものと考えてよいでしょう。

　肩関節や股関節周りの柔軟性のある幼い子供ほど、こういった本来の基本的な使い方が容易となって、先行動作として使えることで、「でこピン」パワーを発揮させやすいため、当然上達もしやすく、到達できるレベルも高くなるというわけです。

　上肢のスイング動作における下半身リードといった先行する動きも、股関節での「でこピン」パワーを発揮させ、骨盤・体幹、そして上半身・肩甲骨・リストへと各部とともに「でこピン」パワーを働かせていたことになります。

　また、ここまで、テニスではフォアハンドだけを説明してきましたが、もちろんバックハンドでも肩甲骨から先行始動していくべきですし、バッティングやゴルフスイングのように両手で行うスイング動作でも、右利きなら左腕も肩甲骨始動で行われているのは同じであることはもう了解していただいているでしょう。

第 5 部

遠心力を味方に、
そして身体に優しく!

遠心力の重要性

第1章

ここまで、「軽く振ってもよく飛ぶ」といったスポーツ上級者の持てる上手さ・強さについて、筋組織の持つ機能・性状から、できるだけ科学的な立場で私なりに謎解きを試みてきました。私が導いてきた「脱力」が「力強さ」を生む理由の答えですが、いわゆる指の「でこピン」現象と同様のメカニズムをインパクトでリストに最大限に発揮させることがもっとも重要だったというわけです。

ゴルフのスイング動作なら、ダウンスイングで下半身・骨盤・体幹に次いで肩甲骨を積極的に先行始動させてシャフトはもちろん腕をしならせるような使い方で、インパクトのタイミングで右リストの「手根屈筋」、左リストの「手根伸筋」に「でこピン」パワーを最大限に発揮させる、というものでした。皆さん、納得していただけましたでしょうか？

1）遠心力の存在を考えてみよう

さて、ここから先はオマケの話です。少し異なった立場からスイング動作をみていきましょう。われわれが日頃よくその存在を実感できるものに「遠心力」があります。ここまでに何度も出てきた「遠心力」ですが、この第5部では「遠心力」をテーマにスイング動作を見つめ直していきましょう。

　水の入ったバケツを振り回す、車のカーブ走行時、そしてコーヒーカップなどの遊具でも、「遠心力」は常に感じ取れますし、カーブの大きさやスピードが大きいほどに、「遠心力」が大きくなることも明確に実感できます。ハンマー投げでは「遠心力」を最大限活用していることはもちろんでしょうし、スイング動作でも同様に「遠心力」を活用すべきことは言うまでもありません。

　ここでは「遠心力」をいかに効率よく使いこなすか、私が考えてきた大原則ともいうべき使い方をリストでの「でこピン」パワーと関連して紹介していきましょう。私としては整形外科医の立場からも、身体に優しいスイングに必ずや通じてくれるものと考えています。

　ハンマー投げでは数回の回転によって生じる「遠心力」を活用し、ハンマーの回転速度・エネルギーを高めて投げていきます。ただし、「遠心力」とは言葉どおり、本来、身体の中心から遠ざかる方向に働くものです（私は高校時代に物理を少し学んだ程度で、専門家の方々からは、遠心力の扱いや言葉の使い方にご指摘を受けるかもしれませんが、ご容赦ください）。

　ゴルフクラブはラケットやバットと異なり、クラブヘッドの位置がシャフトの延長線上にはない構造をしています。したがって、クラブヘッドに働く「遠心力」も身体の中心から離れていく方向だけではなく、シャフト軸の回りに回旋する「遠心力」も働きますので、それらも含めて基本的な考え方を紹介し

たいと思います。

　スイング動作では、できるだけボールに大きなエネルギーを
分け与える必要があり、クラブヘッドを飛球線方向にできるだ
け速いスピードに高めてインパクトを迎えたいのですが、ここ
では、クラブヘッドの動きとともに「遠心力」の両者に働く力
の方向性にこだわって、スイング動作をみていきましょう。

┃ 2）「遠心力」の働く方向を考えてみよう

　道具を振り回せば、必ず「遠心力」が身体の中心から離れて
いく方向にかかります。すでに私はショートスイングをはじめ
フルスイングでも、「でこピン」パワーを発揮するための必要
な先行動作としての「遠心力」の存在・役割を紹介してきまし
た。

　ここではまた別の異なる視点から、ゴルフスイングにおける
「遠心力」をみていきましょう。ドライバーの一般的なスイン
グでは、トップは正面からみて時計でいえば3時、ダウンスイ
ングのシャフトあるいは左腕が水平付近となる位置が9時、そ
してインパクトはほぼ6時としてみましょう。
　トップの位置からダウンスイングが開始され（P188、189／図5-
1）、クラブヘッドはトップから9時までは飛球線方向と逆に移
動しますし、「遠心力」も身体の中心から離れていく方向にか
かりますので、やはり飛球線と逆方向にしか働きません。

したがって、ダウンスイング前半においては、これらクラブヘッドの持つ運動エネルギーも、さらに「遠心力」の両者のいずれもが、飛球線とは逆方向に向けて高まっていくことになります。これはよろしいでしょうか？

　力強さを求めて振り下ろされた結果、生み出されてきた両者ですが、飛球線と逆方向である限り、そのままでは使えないのではありませんか？　方向を飛球線方向に修正する必要性が出てきます。

　したがって両者の勢いが大きければ大きいほど、軌道はもちろんですが、シャフト軸の回旋方向にも「遠心力」を飛球線方向に修正するための、さらに追加の力が余分に必要になってしまうのではありませんか？

　若くて体力・筋力が有り余り、柔軟性も十分なプレーヤーなら、トップから力任せに振り回し、クラブヘッドのスピードや、ヘッドに働く「遠心力」が、たとえ逆方向に大きくなってしまっても、その程度はものともせず、引っ張り返して飛球線方向へと軌道を修正できて、さらに力強く振り回してインパクトを迎えるスイングが可能かもしれません。

　しかし、平均的な一般アマチュアであれば、修正を要することで余分な体力が無駄に消費され、グリップにも負荷がかかり、当然「力み」にもつながってしまいます。身体に対する負荷も相当大きくなってしまうのではありませんか？

　もう少し、「遠心力」とスイングの関係を深く掘り下げてみ

図5-1 ダウンスイング前半のクラブヘッドの動きと遠心力

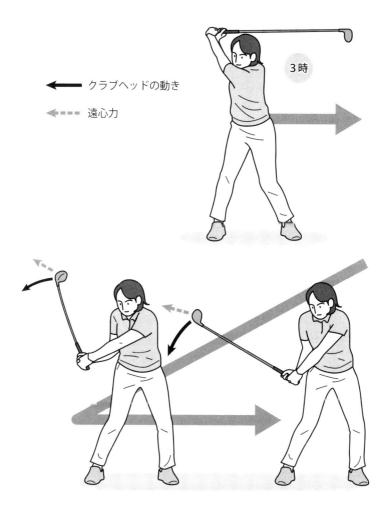

← クラブヘッドの動き

◄--- 遠心力

3時

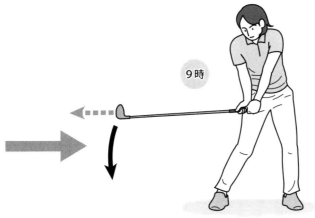

9時

ていきましょう。

遠心力とゴルフスイング

1)「遠心力」を生かせず、負担になるスイングとは？ ①

　ダウンスイングを前半と後半の2つに分けて考えてみましょう。トップからクラブヘッドが9時辺りまでのダウンスイング前半、それ以降からインパクトまでを後半とし、遠心力をもう少し詳しく考えてみましょう。

　すでに述べてきたことですが、ダウンスイング前半では、クラブヘッドも「遠心力」も飛球線と逆方向に働きます。したがって、トップの位置から逆方向に勢いよくスイングを開始するほど、その分クラブヘッドの運動エネルギーはもちろん、「遠心力」もともに飛球線と逆方向に大きくなってしまいます。スイング動作でもっとも大切な部分はその後のインパクトであり、身体の持てるエネルギーをリストおよびクラブヘッドを介して、できるだけ力強さをボールに伝えることです。

自分で生み出してきた「遠心力」ですが、飛球線方向へ修正する必要性が生じます。シャフト軸の回旋方向に働く「遠心力」にも修正が必要となれば手先の負担にもなり、われわれのような体力・筋力に余裕のない一般アマチュアでは、自身の持てる体力がインパクト前に無駄に大きく消費されてしまうことになってしまいます。つまり、このスイング前半で生じた「遠心力」はそのままで生かせるわけではなく、逆にかえって大きな負担になってしまうのではないか、ということです。

　つまり、ダウンスイング前半に生じる「遠心力」が大きいほど、修正に要する仕事量も増えて、体力を浪費してしまいます。身体への負荷も大きくなりますので、われわれ整形外科医の立場からも勧められるものではなく、身体に優しいスイングとはとてもいえません。こういった修正を要するほど、当然、無用の「力み」を招いてインパクトを迎えざるを得なくなります。

2）「遠心力」を無駄に生じないスイングがある

　では、「遠心力」が負担になりにくいスイングを考えていきましょう。ダウンスイング前半ではクラブヘッドの動きも「遠心力」のいずれも飛球線と逆方向に働きます。したがって、ダウンスイング前半では勢いや速さを求めるのではなく、飛球線と逆方向への「遠心力」を無用に生じないことが重要な課題となるとみてよいでしょう。

こういったスイングを目指していたと考えられる指導があり、実はレッスン現場でよく登場していました。代表例を挙げてみましょう。私は「下半身リード」「自然落下」「手で打ちに行くな、速く振るな」といった表現に代表されるとみています。もちろん、第3部で紹介してきたように、腕の土台としての肩甲骨の先行始動も重要です。

　ダウンスイングをまず下半身・腰から開始し、わずかに遅れた肩甲骨の動きとともにクラブの動きは極力、重力を利用し、逆に腕・手を積極的には使わないスイングが当てはまります。実際、素振りで確認できますが、特に腕・手先を使わずとも、下半身リードと肩甲骨だけの動きで、肘〜手までが水平近くまでクラブは降りてきてくれることも図3-11（P162、163）で紹介してきました。

　こういったスイングでは、結果としてテークバックよりもダウンスイングの軌道のほうが、径の小さな軌道となって降りてきます（図5-2）。小さい径で降ろしていく利点として、フィギュアスケートのスピンをたとえに、回転スピードが高まることで説明されているかもしれませんが、ここではクラブヘッドにかかる「遠心力」が控えめとなること、飛球線と逆方向への動きがゆるやかとなることから、飛球線と逆方向のエネルギーを大きく持たずにすむことも利点として挙げておきましょう。

　以上から、ダウンスイング前半では、腰・下半身の動きによる下半身リードや肩甲骨の先行始動によって腕を使わずとも、

図5-2 ドライバーにおけるテークバックとダウンスイングの軌道の違い

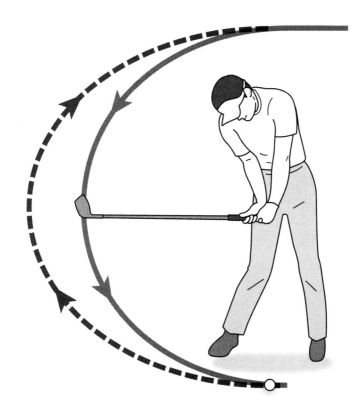

ダウンスイング

テークバック

「自然落下」を利用することで、クラブヘッドの無駄な動きも少なくすんで、同時に無用の「遠心力」も生じることなく、ダウンスイング後半に移行していけることになります。またリストを返そうとしないことで、自然にダウンスイング途中での「ため」の形も、その人なりに自然にできてしまうことになります。

　逆に、腰・下半身のリードがなく、肩甲骨ではなく積極的にリストを使って振り下ろそうとすれば、使った分だけ、クラブヘッドは、より大きな軌道をたどり、飛球線と逆方向への運動エネルギーも大きくなり、「遠心力」も無駄に生じてしまうとみてよいでしょう。早々にリストも開放されてしまい、見た目にもいわゆる「ため」の全くないスイングとなります。

　一般的にオーバースイングが勧められないのも、テークバックで使った手の動きを、ダウンスイングで戻す必要があるためです。リストが早々に開放されて、大きな軌道となって「遠心力」も無用に生じてしまいます。その分だけ修正にかかる体力・筋力のロスも大きくなってしまうことになるとみてよいでしょう。

▌3）「遠心力」を生かすスイングとは？

　ここからはダウンスイング後半のシャフトが水平となる9時辺りからインパクトの6時までの動きについて考えてみましょう（P196、197／図5‐3）。このダウンスイング後半のタイミングにおいても、「遠心力」はやはり飛球線と逆方向に働きます。し

たがって、そのままでは、「遠心力」は生かせないのですが、非常に大切な別の役割があります。

すでに本書の第2部で、私はテニスをはじめとして、スイング動作ではゴルフでも「引っ張られ感」を感じ取ることが大切であると説明してきました。それは本書のテーマである右リストの「手根屈筋」、左リストの「手根伸筋」に、「でこピン」パワーを発揮させるためでした。復習しておきましょう。

「でこピン」パワーを発揮させるためには、指の「でこピン」時の、母指に相当する先行動作なるものが必要でした。ショートスイング、フルスイングともに下半身、そして肩甲骨が先行する動きとともに、クラブヘッドが振り下ろされていき、クラブヘッドにかかる重力や「遠心力」によって、飛球線と逆方向に引っ張られ、リストやクラブが「置いてけぼり」状態となります。「脱力」した右リストが背屈、左リストが掌屈して、結果、右「手根屈筋」、左「手根伸筋」が十分に伸展されて「L2」状態へと導かれていくというものでした。

第1部で、筋収縮時の筋の長さに関する「L1」「L2」状態についての詳細はすでに述べてきました。筋は通常の使っている長さ（「L1」）よりも、「脱力」させておくことで、その長さをより伸張させることができ（「L2」状態）、図1-20（P44）で紹介してきましたが、引き伸ばされたゴムが戻るかのように「受動性伸張による張力」がしっかり働いて、下半身・骨盤の動きにリードされながら、リストが反ったまま、つまり「L2」状態が保持されたまま、理想的な「でこピン」パワーを発揮しつつ

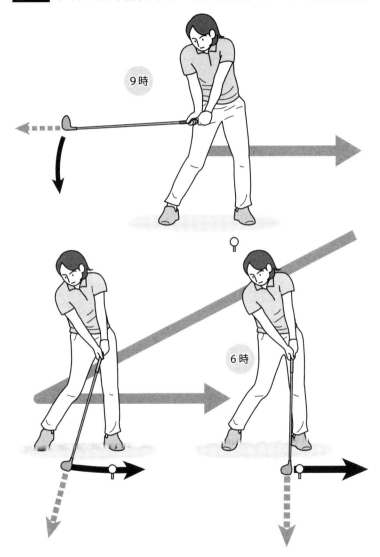

図5-3 ダウンスイング後半からインパクトにおけるクラブヘッドの動きと遠心力

9時

6時

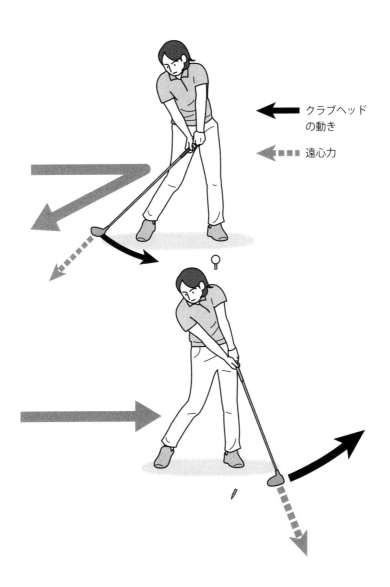

クラブヘッド
の動き

遠心力

ハンドファーストでインパクトを迎える、というものでした。理解できていましたか？

　フルスイングでは、「ため」が深いほど、勢いよくクラブヘッドが飛球線と逆方向に振り下ろされますので、クラブヘッドに働く重力に加えて、生じる強い「遠心力」によって、リストをさらに十二分な「L2」状態へ導いてくれます。「シャロースイング」もインパクトで「でこピン」パワーを発揮するための先行動作であると位置づけてきました。

　つまり、ダウンスイング後半の9時以降から6時までに生じる「遠心力」ですが、「脱力」したリストを背屈させ、手根屈筋を「L2」状態へ導き、「でこピン」パワーを発揮するための必要な先行動作として重要な役割を担っていたのです。この場合の「遠心力」は、飛ばしたい方向と逆に働きますが、指の「でこピン」時の母指と同様、脱力したリストを「置いてけぼり」状態、そして「受動性伸張による張力」を導いて「でこピン」パワーを発揮させるための必要不可欠なものだったというわけです。

　そして腕が振り下ろされるにしたがい、クラブヘッドがインパクトに迫りさますが、リストを背屈させていた「遠心力」が持っていた飛球線とは逆方向の成分は次第に小さくなって、その分だけ右リストの背屈も減じていきますが、「引っ張られ感」を感じ続けることで、リストは反ったまま十分な「でこピン」パワーが発揮できる状況でインパクトに向かっていきます。

その後、「遠心力」はインパクトでボール方向の真下方向へと働きますが、ほぼ真下に向かう遠心力に対し、指導者によっては「引っ張り上げろ」というイメージを勧めることになります。インパクト以降の「遠心力」は飛球線方向に働きますので、クラブヘッドを加速してくれます。そしてフォロースイングでは、加速されたクラブヘッドが勝手にリストを追い抜いてくれることになります。

4)「遠心力」を生かせず、負担になるスイングとは? ②

次は、ダウンスイング後半で、「遠心力」を生かせていない、腕・リストを積極的に使って振り下ろしていく状況も考えてみましょう。

この場合、ダウンスイングでは、右リストの右「手根屈筋」、左リストの左「手根伸筋」を、「L2」状態ではなく、「L1」状態からの求心性収縮、つまり筋の長さが短縮しつつ働いており、右リストも手の甲側から手のひら側へ動かされていきます。この場合は、ダウンスイングの軌道もテークバックと同様に大きな軌道をとります。多くは第1部の図1-16（P38）で示してきたように、右「手根屈筋」はかなり短縮してしまっており、発揮できる筋力が相当低下してインパクトを迎えることになります。

プレーヤーはクラブヘッドのスピードを高めるべく、飛球線方向に向かって移動させてはいるのですが、この時点での「遠

心力」はまだ飛球線と逆方向に働きます。したがって、プレーヤーが右「手根屈筋」、左「手根伸筋」を使って、クラブヘッドを勢いよく振り下ろそうと努めても、逆方向への「遠心力」によってクラブヘッドの動きが妨げられ、プレーヤーの思いに反して、クラブヘッドのスピードは上がっていくことはありません。

つまり、生じた「遠心力」によって、自身の持てる体力・筋力を削がれる形でインパクトを迎えることになります。

繰り返しますが、ダウンスイング後半でも生じる「遠心力」はまだ飛球線の逆方向です。「遠心力」は「でこピン」パワーの先行動作として生かすことでようやくプラスになるものとみてよいでしょう。

5）身体に優しいスイングとは？

以上から、身体に優しいスイングとは、途中で生ずる「遠心力」によって持てる体力・筋力を損なわず、さらにダウンスイング後半で「遠心力」が先行動作として働き、その人なりの最大の「でこピン」パワーを導いて、インパクトを迎えられるスイングといってよいでしょう。

ダウンスイング前半では、クラブヘッドのスピードにこだわるのではなく、まずはその人なりの可能な程度に下半身リードや肩甲骨の先行始動を行い、クラブは自然落下に任せる使い方に努めることになります。「遠心力」も無駄に大きくならず、「ため」もその人なりに十分につくられることになります。

　そして「ため」を弾みよく開放することで、「遠心力」を逆方向に高め、この生じた「遠心力」によって、「脱力」した右リストをしっかりと背屈させ、手根屈筋の長さを十分に伸張させることができれば、手根屈筋を十分な「L2」状態に導けて、「受動性伸張による張力」をしっかり生み出して、インパクトでタイミングよく理想的な「でこピン」パワーを発揮させることが可能となります。

　飛球線と逆方向であっても、「遠心力」を生かせる使い方があり、それはダウンスイング後半で「遠心力」を「でこピン」パワーの先行動作として役割を担わせることだったというわけです。

　結果、プレーヤーは高められた「でこピン」パワーとともに、持てる筋力・体力をインパクトに最大限集中して発揮できることになります。もちろんプレーヤーの体力・筋力に合わせ、活用できる「遠心力」も「でこピン」パワーの大きさも変わりますが、こういったスイングでは力強さに加えて安定性・正確性はもちろん、同時に身体に優しいスイングにも通じてくれるものと私はみています。

　振り子2つにたとえる教えも、リストでの「でこピン」パワーを振り子のつなぎ目と見立てたものだとみてよいでしょう。

　対して、ハンマー投げと同じように、トップからがむしゃらに力任せに振り回して、飛ばそうとするスイングもあります。この場合は逆方向に働く「遠心力」をものともしない、有り余

る体力・筋力があれば、逆方向の「遠心力」など無視できるのかもしれません。またリストを固めて下半身・体幹由来の筋力をそのまま活用できるのかもしれません。しかし、一般アマチュア、特にわれわれのような中高年では、整形外科医の立場からは勧められるべきスイングではないことは当然でしょう。

第 5 部 の ま と め

この第5部では「遠心力」に焦点を当て、「遠心力」を理想的に生かすため、味方として使える方向性と働かせるべきタイミングについて、「でこピン」パワーと関連させて一連のメカニズムを私なりに紹介してきました。「遠心力」とは身体の中心から離れていく方向に働くものです。したがって、働かせるべきタイミングが重要で、タイミングによっては、プラスにもマイナスにもなってしまうというものでした。

インパクト後の「遠心力」は飛球線方向に働きます。したがって、インパクト以降にヘッドが加速されるスイングでは、クラブヘッドに「遠心力」もしっかり働き、勝手に身体に巻きついてくれるようなフィニッシュが可能となります。

皆さんの中には、わずか1秒にも満たないダウンスイングでここまでこだわることは難しいと感じられる方も多いと思います。確かにがむしゃらに力を込めて振り回しているだけの、いわゆるマン振りのフルスイングをしている限

りはとてもこだわれるものではありません。

　本書では「脱力」がなぜ、力強さを生んでくれるのか、についての一連のメカニズムを少しでも理解していただけるよう、説明を加えてきました。「脱力」したリストでの「でこピン」パワー習得を勧めてきましたし、ハーフスイングを勧める指導もほぼ同じ目的であったこともすでに述べてきました。皆さんも、こういった基礎練習の真の意味についても何とか実感・理解していただけたと思います。

　いかがでしたか？

　これまで、見た目の手やクラブの軌道、テークバックの大きさやトップの形にこだわるしかなかったのではありませんか？　しかしヒトの身体には目に見えずともそれ以上にこだわるべきものがあったというわけです。

　私が追究してきた身体のつくりからみた理にかなったスイングですが、最終的には「遠心力」を味方に、下半身に加え、肩甲骨を先行動作として活用し、「脱力」したリストに、できるだけ理想的に、フルスイングであれば最大の「でこピン」パワーを上手く発揮させることとなりました。上手く使いこなすことで上級者に共通する「軽く振ってもよく飛ぶ」、そして同時に整形外科の立場からも「身体に優しい」スイングが可能になると考えています。

　上手さ・強さの謎解きを真に求めて止まない皆さん方には、是非とも「遠心力」を味方に身体に優しいスイングを身につけていただきたいと思います。

　研修医時代に幼い子供たちに共通する肩甲骨の大きな動きの存在を知り、その後肩甲骨周辺筋の幅広く、厚みのある複数の筋群に着目したのが、1992年の8月でしたので、今から約30年以上も前になります。

　今でこそ「マエケン体操」に代表されるように、肩甲骨はその可動域の大きさをはじめ、周辺筋群の持つ機能の大きさや力強さ、重要性については、一般の皆さん方にもようやく認知されるようになりました。しかし当時は骨・関節・筋といった身体の運動器をもっともよく知るはずの整形外科の立場であっても、肩甲骨は一部の動きや機能以外、スポーツ動作、たとえば投球動作時の解析であっても、その存在自体がほぼ無視されていたのです。

　その理由については、本書第3部でも詳しく述べてきました。もともと哺乳動物では前脚が主体となって身体の重さを支持しており、ヒトでもボルダリングや体操競技のように、身体の重さを支えることが可能な力強さを発揮できる部位です。肩甲骨が骨折して多少の機能低下を生じてしまっても、腕の重さを振り回す程度なら肩はすぐに使えるようになります。

　したがって、この部位は、外科的治療をほとんど要することがありません。治療の必要性があってこその医学ですので、治療が不要なこの部位を整形外科学が重要視することはなかったのです。また誰もがこの部位の動きを正確には認識できないこ

ともあり、それまで整形外科医の立場では、肩甲骨は一部の動き以外はほとんど動かないもの、動かなくてよい、さらには無視してよいといった扱いになってしまっていたのです。

この当時、私は一般救急病院の勤務医だったのですが、学生時代に野球やバレーボールを経験し、もともと無類のスポーツ好きであったこともあり、臨床の表舞台に出てくることのなかったこの部位が持つ本来の黒幕的な機能的重要性に魅了されてしまい、旧来の整形外科にはなかった立場で、真正面から肩甲骨および周辺筋の持てる機能を独自に追究させていただくことになったのです。

その翌年の1993年以降、数年間にわたり、「肩甲骨および周辺筋」の加齢による可動域の変化とともに、さまざまなスポーツ動作で肩甲骨の動きが大きく関与していることを整形外科関連の数々の学会・研究会で報告してきました（巻末参考文献参照）。そして2001年、この部位のハード面を整理し、一般向けに『天使の翼がゴルフを決める』（文芸社）を上梓し、さまざまなスポーツ動作におけるこの部位の重要性を紹介してきました。

なお、「マエケン体操」ですが、前田健太投手はPL学園時代の2005年にトレーナーから指導を受けていたようです。同じ地域であることに加え、私がその10年以上前から各種学会で肩甲骨の持つ可動域や筋力の大きさといった機能的重要性を何度も強調し、しかも書籍も出版した後です。前田投手に指導したトレーナーと私は直接の面識はないものの、それまでの肩

205

甲骨に関する活動がトレーナーにも強く影響していたはずだとみて、自分は『「マエケン体操」の曾祖父』程度には関与していたものと秘かに自負している次第です。

　その後も、ヒトの身体のつくりからみて、理にかなった身体各部の基本的な使い方にこだわり、2020年に『令和の時代、君たちの背骨は大丈夫か？』（文芸社）を上梓し、身体に優しい、本来のあるべき理想的な身体の使い方について肩甲骨に限らず、背骨や腕・手先各部の詳細を紹介してきました。
　そして、スポーツ動作時のソフト面にこだわり、腕の土台である肩甲骨を先行させて使うことで、プロ・上級者の投球動作にみられる腕をしならせる使い方が可能となり、それは同時に哺乳動物に共通する基本的な腕の使い方の大原則であったことを、同年に『「天使の翼」が上手さ・強さの謎を解く！』（文芸社）にて報告してきました。

　今回はさらにもう一歩進め、いわゆる指の「でこピン」現象を手掛かりに、「脱力」が「力強さ」を生むメカニズムを、さまざまなスポーツ動作で紹介してきました。
　スイング動作では主にリスト、加えて肩甲骨周辺を脱力させquしておき、下半身・骨盤、そして肩甲骨の理想的な先行動作によって、インパクトのタイミングでリストにその人なりの「でこピン」パワーを発揮させることが重要であり、スイング動作に伴って発生する「遠心力」についても「でこピン」パワーを生かす先行動作の1つであったことを補足させていただきまし

た。他に投球動作・押す・突く動作、さらに蹴る動作において
も「でこピン」パワーが活用されていることと同様の流れで紹
介させていただきました。

いかがでしたか？
臨床の表舞台に出てくることのなかった幼い子供たちが持つ
肩甲骨の大きな動きに興味を持ち、そこから筋・骨格構造や機
能・性状に基づき、身体のつくりに準じた理にかなった使い方
を私なりに追究してきました。
今日まで約30年もかかってしまいましたが、私のライフワー
クでもあった肩甲骨も回り回って「マエケン体操」も生み出さ
れてきましたし、今回本書の主題である「でこピン」パワーな
る概念についても、スイング動作だけではなく、あらゆるス
ポーツ動作に通じており、上手さ・強さの謎解きを真に求める
方々にとって、既存概念の足らない部分を十分に埋めてくれる
ものと自負しています。

スポーツ現場では、上達に安直な方法はなく、修練・鍛錬と
いった地道な練習の積み重ねが必要であることは当然ですが、
そこには身体のつくりからみて理にかなった使い方の大原則と
いうものがあり、「でこピン」パワーも「脱力」した環境下で
ようやく発揮できるものです。下半身に加えて肩甲骨を先行始
動させる動きが重要で、年齢とともに可動域は低下してしまい
ますが、特に肩甲骨の柔軟性が必要だったのです。
「遠心力」も働かせようによっては、敵にも味方にもなりま

す。「脱力」といった環境自体もメンタルに大きく左右されてしまうこともお話ししてきました。いわゆる「肩の力を抜け」といった先人たちの基本的な教えの持つ深い意味も紹介してきました。

　個人的には、身体の筋・骨・関節といった運動器をもっともよく知るはずの整形外科医としての知識・経験を駆使し、「軽く振っても、力強く、よく飛ぶ」メカニズム、そして各種スポーツにおける上級者たちの上手さ・強さをもたらす核心部分を、見た目の動きではなく、肩甲骨本来の役割、そしていわゆるリストにおける「でこピン」現象を追究することでサイエンスの立場を崩すことなく一応の謎解きができたことに非常に満足しています。

　これで、おしまいです。本書が上手さ・強さの謎解きを真に求める方々に受け入れていただき、人類のスポーツ文化に新たに貢献してくれるであろうことを確信しております。

　皆さん、最後まで読んでいただき、本当にありがとうございました。

　2023年5月
　　　　　　　　医学博上・整形外科専門医　田中直史

主な参考文献

田中直史、他「体幹の回旋運動時における脊柱の回旋と肩甲骨の動きについての検討」関西臨床スポーツ医・科学研究会誌　3：p.85-89 (1993)

田中直史、他「ゴルフスイングにおける肩甲胸郭関節の動きについて」日本整形外科臨床スポーツ医学会雑誌 14：p.79-88 (1994)

田中直史、他「水平面における肩甲上腕リズムについて 肩関節」18：p.48-53 (1994)

田中直史、他 "Motion Studies of the Gleno-Humeral Rhythm　Using a VICON Motion Analysis System." 日本整形外科スポーツ医学会雑誌 15: p.23-33 (1995)

田中直史、他「VICON による肩甲骨の動作解析」日本臨床バイオメカニクス学会誌 16: p.217-222 (1995)

田中直史、他「ゴルフスイングにおける若年者の有利性」日本整形外科スポーツ医学会雑誌 15: p.102 (1995)

田中直史、他「いわゆるゼロ・ポジションにおける肩内外旋筋力の力源について」臨床スポーツ医学 13: p.1049-1053 (1996)

田中直史、他「アカゲザルの肩甲骨動作解析からみたヒト肩甲胸郭関節の重要性」京都大学霊長類研究所年報26:p.90 (1996)

田中直史、他「投球動作時の肩甲骨動作解析」日本肩関節学会　雑誌肩関節 21:p.289-292 (1997)

田中直史、他「アカゲザルの肩甲骨動作解析」日本肩関節学会　雑誌肩関節 21p.255-258 (1997)

田中直史、他「肩甲胸郭関節の加齢による動きの低下と上肢運動連鎖としての機能について」別冊整形外科 36（肩関節）: p.13-18 南江堂 (1999)

田中直史、他「加齢に伴う肩甲骨の可動域の変化からみた肩甲胸郭関節機能について」リハビリテーション医学37: p.1103 (2000)

田中直史「肩甲骨は大事なゴルフギアなのだ!!」GOLF mechanic vol.36：p.52-58 (2009)

「脱力」が「力強さ」を生む!

2023年7月19日 初版第1刷

著　者————————田中直史

発行者————————松島一樹

発行所————————現代書林

〒162-0053　東京都新宿区原町3-61　桂ビル
TEL／代表　03（3205）8384

振替00140-7-42905
http://www.gendaishorin.co.jp/

ブックデザイン————山之口正和（OKIKATA）

本文イラスト————宮下やすこ

写真————————76ページ（上下ともに）：アフロ、131ページ：ロ
イター／アフロ、133ページ：スポニチ／アフロ

印刷・製本　㈱シナノパブリッシングプレス
乱丁・落丁本はお取り替えいたします。

定価はカバーに
表示してあります。

ISBN978-4-7745-1970-8　C0075